Open Course
一週讀完

出發吧，一起來認識宗教

從觀點、現象與體驗，揭開宗教的奇幻面紗

陳淑娟 著

宗教無所不在，但你知道宗教從何而來？
它是如何在人類社會中出現成形，
又為什麼能帶給人們精神鼓舞和心靈慰藉？
認識宗教、理解宗教、感受宗教，一週時間恰恰好。

—推薦序—

深入宗教，建立尊重多元文化的態度

在現代的台灣社會生活，宗教有什麼意義？

對於許多上班族而言，每天典型的生活也許是打開電腦，上個網路，瀏覽一下即時新聞的標題，他（她）可能看到的是：地震、空難、火災、酒駕車禍意外造成的死傷，讓人感嘆生命的變幻無常……

而在個人的生活中，無形的壓力也日漸加大：求職日漸困難、工作競爭激烈、薪資不增而房價物價上漲、愛情失利、婚姻家庭與親子關係的惡化、對未來人生何去何從充滿迷惑，導致對生命感到虛無，感嘆對人生難以掌控，甚至放棄生命，各種心理疾病與自殺率居高不下……

在這樣的背景下，人類生存的意義、生命的目標、幸福的要素究竟是什麼？又該如何面對苦難和生老病死？這些問題往往帶給我們極大的困惑。大家或多或少會透過宗教來回答自己生命中的難題與找尋困境的解決之道。無論是傳統的宗教，如基督教、伊斯蘭教、印度教與佛教等，或是一些新興宗教的出現，都可以看到宗教是如何提供人們完整的世界觀、生命和生存的解釋、認同感與歸屬感；更進一步來看，宗教建構了信徒認識世界與生命的解釋與行事基礎，從抽象的概念到具體的行動準則等等，讓我們得以回答這些生命的課題。

那麼，在你的生活中，宗教有什麼意義？

有沒有這樣的經驗？小時，跟著家裡的老人家到齋堂或古老的寺廟，雖聽不懂暮鼓晨鐘，也搞不清楚宗教儀式，但記得廟裡總有許多的老樹，和落了滿地的羅望子、蘋婆可以撿拾，大人幫孩子虔誠的掛上護身符，說聲「佛祖會保佑你」，總讓人無比心安，晚上可以睡得更香甜。

或是耶誕節跟著親友到教會替耶誕夜曲伴奏，在耶誕樹下得到第一本聖經的故事當作禮物。長大後也許不再去教會了，卻依然每年歡度耶誕夜，喜歡聽福音歌曲，或是出國旅行時，深深迷醉於各種古老教堂建築的雄偉與美感……

其實，宗教與文化的關係，從我們童年就開始在日常生活中發展。長時期的薰陶，往往不自覺影響了我們的思考與認同模式。我進入族群與文化研究的領域後，更清楚看到族群文化、認同與宗教發展之間千絲萬縷的關係。一方面，在各種不同族群意識發展中，經由宗教或信仰更鞏固族群認同，透過各種儀式性活動，提供了族群集體記憶的發展與闡述；另一方面來看，族群文化的特質也影響其成員進入或是難以進入某些宗教的可能性，使得宗教與信仰可能也標示出族群的邊界與差異。所以，族群衝突連結宗教衝突，也往往形成國際政治上難以處理的混亂，在許多國家，宗教與族群糾葛出複雜的愛恨情仇，世世代代重演著，唯有靠著更多的同理、了解、寬容與體諒才能慢慢化解。因此，對於不同宗教文化的理解，其實是具有重要意義的。

如同本書所言，當今社會，每個人可能都是宗教多重角色的參與者，是祖先崇拜者、靈修者，或練瑜珈、或透過宗教藝術的欣賞和儀式活動的參與等方式，接觸宗教。本書的意義在於提供：經由對於宗教的了解，來認識與思考自我生命的意義，與重新詮釋生命的經歷與回憶。同時，在全球化流動帶來新的族群移民進入台灣後，台灣社會的宗教樣貌更趨豐富與多元，在日常生活中，人們可能更具體接觸到許多不同的宗教類型，如何對他人的宗教經驗與文化有更多的同理也變得更為重要。因此，本書一方面可以提供讀者反思自身生命的議題與信仰的關聯，另一方面可以讓讀者理解不同宗教教義與文化的共同性與特殊性，建立多元文化的態度。

我跟淑娟結識於英國華威大學，當時兩人都在攻讀博士，面臨壓力時也常常分享一些想法與感受。淑娟當時在進行新時代（New Age）研究，我們對於靈性、修行、輪迴、身體社會學等議題，都曾簡單分享過想法（主要還是跟她學習的比較多），也對於自己與信仰的部分開始有嚴肅思考。身為淑娟多年的朋友，很高興看到本書的出版，也深信本書可以帶給讀者豐富思考的可能性。

王俐容
中央大學客家語文暨社會科學學系教授

獻給我在天堂的父母親：陳有義，陳李玉霞

【編輯小語】

認識宗教，一週時間恰恰好！

❖**一週了解人類社會中的宗教，不躁進，不累贅**：本書針對「一週學好一科目」的目的，為讀者規畫適當學習進度，從週一至週末，精心安排「導論」、「出現與發展」、「觀念與結構」、「儀式與經驗」、「當代世界的宗教」、「放下書，欣賞宗教之美」等單元，幫助讀者在短時間內，迅速理解宗教在人類社會中的各種面向，認識人與宗教的關係。

❖**開放式課程理念，超越時空，打破藩籬**：各單元以系統性的方式介紹，讓讀者了解宗教的起源和發展，由內分析宗教所包含的觀念與組織結構，從外講述不同屬性的儀式與個人在身心靈上所能感受到的宗教經驗，並從今日世界的宗教現況，闡述宗教寬容、宗教對話的重要性。內容簡潔明白，一看就懂，打破宗教社會學難以跨入的限制，無論非本科生、一般上班族，皆可閱讀。

❖**持續性複習，學習目標易達成**：按日規畫「三分鐘重點回顧」，讀者在閱讀每章內容後，能迅速且有效的複習所學，既省時又省力。

❖**懷抱欣賞之心，實境巡禮宗教之美**：特別設計週末「宗教之美」，結合大量彩色照片、插圖，與有如導覽般的詳盡解說，彷彿實際進行了一場教堂巡禮，感受宗教與藝術結合時能夠成就的美感，體驗人神交流的氛圍。

❖**頁底重點欄位，重要概念不漏接**：快速瀏覽頁底「重點Snapshot」欄位，即刻掌握章節間重要的內容，重點絕不漏過。

CONTENTS
目錄

Day 03

星期三　觀念與結構……099

CONTENTS
目錄

Day 04

Day 05

Weekend

週末　宗教之美……219

Day 01
Monday
星期一

導論

-Introduction-

要了解人類的歷史與宗教，就有必要了解宗教。

——尼尼安．斯馬特（Ninian Smart）

打開宗教的門——宗教是什麼？宗教的起源與種類

宗教與人類生活密不可分。有人的地方，就有宗教。根據統計，目前世界人口中，無宗教信仰者，不到六分之一（一六．三％）[1]；台灣社會當中，自認沒有宗教信仰的人口更少，不到八分之一（一二．九％）[2]。雖然大多數人都有宗教信仰，但我們真的了解宗教嗎？宗教到底是什麼？宗教是如何形成，並影響了人類社會的發展？宗教具有何種力量，為什麼能改變人的行為，並給予人們慰藉……深入認識一下這個和你我都有關的社會現象，是一件很有意義的事。

當我們打開宗教的大門，首先映入眼簾的一幕，就是宗教誕生的景象。

宗教的起源與誕生

宗教究竟是怎麼出現的？

當我們思索宗教從何而來，也就是宗教的起源時，有些人可能馬上聯想到一些宗教故事，如原始佛教的出現，乃源於本為釋迦王國的王子希達多．喬達摩（Siddhartha Gautama）的佛陀，因想體會生命及庶民生活，展開一連串的流浪與修道經歷，最後在一棵菩提樹下禪定並證悟，隨後開始教導世人、對追隨的門徒說法，佛教因此創立；而以上帝為中心的猶太基督宗教（Judeo-Christian Religion）則認為，是上帝創造了包括人類在內的宇宙和天地萬物。祂先是在伊甸園中設立規範和律法，並直接教訓其子民，後來又透過祂所選的先知向人們傳遞訊息，於是在一連串天啟的過程中建立了宗教。所以猶太基督宗教的起源便是上帝，換言之，是上帝創立了宗教。

每一個宗教都有各自傳講的起源故事。

重點Snapshot 神學、宗教學、人類學和社會學等學科中，都曾有學者針對宗教起源的問題提出他們的看法與解釋。

宗教的起源，或說宗教生活是如何出現，曾經是傳統宗教的科學研究[3]想要回答的問題。神學、宗教學、人類學和社會學等學科中，都曾有學者對此問題提出他們的看法與解釋[4]。這些宗教的「起源說」可以幫助我們思考：宗教與人類生活為何密切相關？

有「宗教學之父」美譽的麥克斯・繆勒（F. Max Müller, 1823-1900）認為，宗教最初源自於體驗。史前人類在各種自然現象面前，產生狂喜或恐懼的反應。他們把這些自然現象人格化，為其命名並且視其為神靈。台灣鄉間經常可見的動植物崇拜現象，如石頭公、大樹公等等，即是這種「自然神論」的展現。

自然神論是最早的宗教形態「萬物有靈論」（Animism）的一種形式，即相信一切生命都充滿精靈與力量。遠古人類對於生與死、夢境與幻覺中出現的人物感到疑惑，思索之後得到的結論是：一切事物都可分為身體與靈魂（精靈）兩個部分，並進而把夢境與幻覺中的人物解釋為精靈，因此整個世界畫分成物質生命與精神生命兩種狀態。而萬物有靈論對宗教起源的解釋，是十九世紀的主要學說[5]，當時的學者們多認為這是最早的宗教表現形式。

古典宗教社會學對於宗教起源的基本論點為：宗教是從社會中誕生的，宗教起源於社會[6]。換言之，沒有人類社會就沒有宗教，宗教是社會的產物。既然宗教是社會的產物，我們也就不難理解，為何台灣民間信仰中的神界體系組織，很類似於常見的社會體系組織，有個領袖（玉皇大帝）與其配偶（王母娘娘），其下還有擔任不同職等及角色的各種神祇，各司其職、各有功能，例如文昌君、土地公、灶神和各種行業神，以及主司法的城隍爺等等。整個神明體系就像是一個分工完整、運作良好的社會體系一樣，而且諸神似乎都有人的性格。台灣民間信仰中，這種以人的性格來想像神祇的性格、以社會組織分工體系來想像神界組織體系的現象，很符合「宗教起源於社會」的說法。

值得一提的是，當代宗教社會學在思考宗教的起源時，有興趣的問題並不是直接問「宗教是從哪裡來的」，而是「人為什麼會信仰宗教」。因此，前面這幾種起源說都以人類整體的角度或社會演化觀點來談宗教的出現。但是當我站在個人角度來思考宗教起源的問題時，則不禁聯想到德國神學家魯道夫·奧托（Rudolf Otto, 1869-1937）的看法：宗教的本質是敬畏（awe），那是只有當事人才能充分理解的一種感受，沒有此種敬畏感就沒有宗教。

敬畏可說是一種夾雜了恐懼、顫慄，迷人又有吸引力的複雜情緒。那麼人們

重點Snapshot 「宗教學之父」麥克斯·繆勒認為，宗教最初源自於體驗。台灣鄉間經常可見的動植物崇拜現象，即是這種「自然神論」的展現。

在什麼情況下會出現這種敬畏感呢？當人體驗到戰慄又迷人的神祕（mysterium tremendum et fascinosum[7]），或者在經歷神聖[8]（holy）的時候，敬畏感油然而生。奧托認為，這種經驗就是所有宗教行為的基礎與來源。

如何界定宗教

前述這幾種宗教的起源說，無論我們在思考之後是贊同或支持何種解釋，當使用「宗教」一詞時，每個人腦海中都會浮現出根據自我生活經驗而來的相關畫面。

你想到的「宗教」是一個抽象的名詞？還是會想起與神、佛或上帝等有關的活動、現象、團體與人物呢？你是不是會想起大甲媽祖進香、燒王船、過火、法會、禮佛、聖餐、做禮拜、彌撒？或是耶穌基督、釋迦牟尼、真主阿拉、奎師那（Krishna）的圖像？還是馬上聯想到自己信奉的某一個特定宗教，或加入的宗派，比如：基督教長老教會、佛教慈濟功德會、天主教聖家堂、佛教日蓮正宗？

或者你可能會認為，宗教是帶給自己生命意義與終極關懷的一套與宇宙能量連結的生活方式，所以你平常在家裡會固定做做瑜珈、讀讀身心靈書籍，使用芳香精油或蠟燭，睡前或起床後做個十分鐘的光能冥想，但是你不上教堂，不參加佛道法會，也未曾到廟裡點燈或燒香。甚至你可能認為，馬克思主義、女性主義、環保主義、或是走上街頭的社會運動，才是你信奉的「宗教」……

為什麼表面上如此截然不同的團體或現象，都有可能是宗教的一種形式？這是因為人們對於宗教這個概念，經常採取不同的界定。多數時候，當人們在談論宗教時，是把它當成一個毫無疑問的詞在使用，理所當然認為，宗教一詞人人都懂，沒有問題嘛，讓我們繼續聊下去或辯論到底！但是，我們既然要有系統的認識宗教及其所造成的相關社會現象，就有必要先講清楚「宗教是什麼」，也就是要為宗教下一個定義。

這裡我提供四種不同的宗教定義[9]，來幫助讀者思考並釐清宗教是什麼。什麼叫定義？就是為宗教一詞畫出一個明確的範圍、界線，以及內容。這些定義能夠幫助我們了解，自己是站在什麼立場使用宗教這個詞彙並看待宗教現象。

我們可以把這些不同的宗教定義角度，想像成是幾副不同的眼鏡——每當戴上一副不同的眼鏡，就會看到一幕不同的宗教風景。讀者也可能會發現，從某副眼鏡望出去是宗教的現象，但在另一副眼鏡中所見，就可能不是宗教了。為什麼會這樣呢？因為對宗教來說，各種定義都只是不同的「眼鏡」而已，其中沒有優劣或對錯的分別。我們若持開放的態度，試戴不同的宗教眼鏡，就能從不同的角度更加了解當代社會各

重點Snapshot 宗教對每個人來說都有其不同的印象，人們會根據自我生活經驗，界定宗教的概念，如有人會聯想到信奉的特定宗教，有人則認定某個主義或運動，是他信仰的宗教。

種複雜多元的宗教現象。

☼第一副眼鏡：實質的定義（Substantive Definition）

當我們戴上實質定義的眼鏡來看宗教時，看到的主題是「宗教是什麼」。這副眼鏡看見的是宗教的本質（substance or essence）。這個本質是什麼呢？就是一定要有所謂的「超自然」（supernatural）或「他世取向」（otherworldly）元素存在，意即宗教涉及超自然世界，是我們在一般日常經驗中遇不到的。這個超自然存有具有多種名稱，如上帝（God）、神聖、神祇（gods or goddesses）或靈（spirits）等。人類學家泰勒認為，宗教是對神靈的信仰[10]，就是持這種實質定義來看宗教。

而古典社會學家埃米爾．涂爾幹（Emile Durkheim，1858-1917）進一步提出實質取向的宗教定義，認為我們應當從神聖與世俗兩個相對的領域來看各文化中的宗教。宗教就是和神聖事物有關的一套信仰與儀式的統一體系，把人結合在一個稱為「教會」[11]的單一道德社群中。宗教生活是屬於神聖的領域，世俗生活是另一個領域[12]。用這種實質的定義來看宗教時，會發現似乎西方傳統宗教如基督宗教，比較能符合此定義，而佛教以及現代社會有些新形態的宗教與靈修方式，如超覺靜坐

（Transcendental Meditation），因為缺乏超自然存有或神聖元素，因此似乎被排除在定義之外。

☼第二副眼鏡：功能的定義（Functional Definition）

當我們戴上這副功能定義的眼鏡來看宗教時，你看到的主題是「宗教（對社會及個人）做了什麼」。

宗教社會學者密爾頓．殷格（Milton Yinger）持這個定義來研究宗教，認為宗教是一套信仰與儀式活動的體系，提供人類生命終極意義問題的解釋，包括生命的目的、死亡、不公義以及受苦的意義等等，並且教人要如何克服人生中的絕望、失望和徒勞。如果一個社會現象能實現宗教的這種顯性功能，它就是一個宗教。

因此，當我們戴上功能論的眼鏡來看什麼是宗教時，會發現，與實質的界定相比，宗教的範圍變廣了，任何能帶給當事人上述顯性功能的思想，都算是一種宗教。換言之，如果有人是某種意識型態的虔信者與實踐者，如女性主義、馬克思主義或環保主義者，並且能從中獲得生命各種終極意義的解釋，那麼這個主義，就可能符合此類功能取向的宗教定義。

重點Snapshot 從實質定義的角度來看宗教，宗教的本質即是對神靈的信仰。從功能的定義來審視宗教，宗教是一套信仰與儀式活動的體系，提供人類生命終極意義的解釋。

☼ 第三副眼鏡：象徵的定義（Symbolic Definition）

象徵定義的眼鏡和功能定義的眼鏡一樣，看到的主題都是「宗教在社會中做了什麼」，但兩者之間的不同點在於，從象徵功能的眼鏡中所見，宗教作為一個象徵體系，是在幫助人們理解生命和這個世界，激發人對於所屬宗教社群的情感凝聚，並提供特定的行事與為人方式。象徵可以是物體、行為甚至是故事，例如基督教中的聖餐禮，是以耶穌基督與十二門徒最後晚餐的故事為基礎，當信徒在舉行聖餐禮時，會以共餐的行為，如共享同一杯葡萄酒或葡萄汁，以象徵基督的血，吃無酵餅以象徵基督的肉，來紀念基督的受難與復活，並在此儀式過程中與其他信徒產生「在基督裡合一」的感受與經驗。

☼ 第四副眼鏡：社會建構論的定義（Social Constructionist Definition）

前面三種實質、功能、以及象徵定義宗教的角度，基本上都是從局外的分析者立場來為眼前的現象下定論，可說是單鏡片的眼鏡，但社會建構論的宗教定義則提供一副雙重鏡片的眼鏡，因為它是一種「詮釋的詮釋」。

簡單來說，就是研究者以局內當事人對宗教的詮釋為基礎，來進行局外詮釋。例如，如果有人認為瑜珈體位法（Asana）是自己的宗教（一度建構），那麼瑜珈現象的研究者就不能說它不是宗教；不但如此，研究者更要進一步詮釋與分析，當事人為什麼視瑜珈是他的宗教（二度建構）？

本書期望讓讀者能夠從不同面向來理解並認識當代社會的各種宗教現象，不過，為了要能區辨宗教與其他社會現象的不同，所以在書裡討論或介紹的宗教或類宗教現象（如新時代運動）的實例時，主要還是著重在某一團體的信奉對象，或涉及超自然存有與神聖經驗的社會現象為主，至於純粹意識型態，如共產主義、女性主義、人道主義等等作為宗教的例子，並不在我們的探討範圍。

所以，當你在閱讀書中提到的宗教現象或實例時，可以練習運用這四種不同的宗教定義眼鏡，思考一下，在面對不同例子時，該用哪一副眼鏡來審視或看待，以及「為什麼」[13]。如此一來，在思考宗教現象時，會有更靈活的視野。

宗教的種類

當我們以定義畫定出宗教的範圍之後，進一步可以思考：這個世界到底有多少宗

重點Snapshot 從象徵定義看見的宗教，是一個象徵體系，幫助人們理解生命與世界並激發人對於所屬宗教的情感凝聚，提供特定的行事與為人方式。

教？

這個問題其實很難明確回答，即使在本章的最後一段，我們提供了世界各地宗教人口分布的情形給大家參考，也只是一種抽象化的統計抽樣結果。它雖具有代表性，但仍然難以讓我們確知每個國家到底有多少種宗教。不過，有一個角度可以讓我們在生活中遇到不同宗教團體或聽到各種宗教現象時，能立即對它做出基本的認識，那就是：想一想，宗教的形式與運作方式到底有哪些不同？這個問題的思考，就涉及了宗教的種類。

有幾種不同的宗教分類方式，可以幫助我們認識宗教。

制度宗教與普化宗教

首先，比較實用的宗教分類概念是「制度宗教」（Institutional Religion）與「普化宗教」（Diffused Religion）兩種類別[14]。

制度宗教是指一個具有三大特徵的宗教生活體系：

一、對於世界和人類事件有一套獨立的神學或宇宙觀的解釋；

二、有一套獨立的崇拜（Worship）形式，是由各種象徵（神、靈及其形象）與

儀式所組成；

三、有一個由全體人員所組成的獨立組織，這個組織有助於神學觀點的詮釋以及進行儀式性的崇拜。

制度宗教的例子俯拾皆是，如基督宗教、佛教、猶太教、伊斯蘭教等世界性宗教。而近現代歷史中，先以新興宗教形式在不同國家出現，隨後再因成立正式組織，而產生各種制度並穩定發展，有其獨立的教義、崇拜形式及組織，成為制度宗教的情況，更是不勝枚舉，美、日、韓等國新興宗教運動中出現的大大小小宗教團體，許多後來都往組織化方向發展而成為制度宗教，如山達基教會（Scientology）、創價學會（Soga Gakkai）、統一教會（Unification Church）等等。

而普化宗教是指一個宗教所持有的教義思想、儀式和人員，與一個或一個以上的世俗社會制度緊密的交錯參雜在一起，乃至於這個宗教元素成為社會制度的思想、儀式與結構的一部分，沒有明確的獨立存在形式。普化宗教的最典型例子，莫過於台灣或中國社會的民間信仰。

重點Snapshot 制度性宗教的特徵是：有一套獨立的神學或宇宙觀的解釋、有一套獨立的崇拜形式，和有一個由全體人員所組成的獨立組織。

✲ 一神論信仰與多神論信仰

其次，如果以信仰對象來看，宗教分為「一神論」（Monotheism）信仰與「多神論」（Polytheism）信仰兩種。世界五大宗教當中，除了基督宗教、伊斯蘭教和猶太教都相信只有一個上帝，屬於一神論宗教之外，其餘的宗教幾乎都是多神論。

多神論宗教是指其信仰與崇拜的神不只一個，而是有很多個神或神祇所組成，如原始社會或部落社會的宗教、印度教、佛教、各地的民間宗教或日本神道教等等，都是多神論宗教的典型例證。

✲ 傳統宗教與新興宗教

再者，如果我們以宗教在社會中出現的時間先後以及制度化程度來看，又可分為「傳統宗教」與「新興宗教」。

傳統宗教通常在社會文化中產生且歷史發展久遠，其教義思想或儀式比較親近社會文化，或已成為該社會傳統文化價值的一部分。例如台灣社會中的民間信仰、道教和佛教，或美國社會中的基督新教，都是傳統宗教的例子。

新興宗教的「新興」一詞與「傳統」相對，泛指在新的歷史社會條件下，某個社會中出現的宗教。通常社會變遷得越快速，越有可能出現新興宗教。新興宗教可能來自於其他國家，也可能是在本土社會中自行創生，例如創價學會、天理教都是誕生於日本社會的新興宗教，而後被引介到包括台灣在內的其他國家。而從台灣本土社會中產生的新興宗教也不少，例如真佛宗就是其中一例。

宗教與巫術

最後，當我們在審視各種宗教時，切不能忽略一種與宗教密切相關，但性質與功能不同的現象，那就是「巫術」（Magic）。宗教與巫術有一個很重要的差異，就是人們對於神祇或超自然力量的態度不同。

在宗教裡，人們崇拜的對象是神聖的存有——神或神祇。這個崇拜神的行為本身，就是價值的中心或象徵。而在巫術裡，人們相信世界是受一個超自然力量的影響，這個力量控制了人的命運。行巫術的目的，就是要操弄這個力量，讓它為人帶來好處。宗教與巫術之間的區別，可詳見下頁宗教與巫術的區分表內容。

台灣社會民間信仰中的「陰神崇拜」，有些層面與巫術關係密切，如養小鬼、找

重點Snapshot 宗教與巫術很重要的差異在於，人們對於神祇或超自然力量的態度不同。在巫術裡，世界是受一個超自然力量的影響，這力量控制了人的命運。行巫術就是要操弄力量為人帶來好處。

	宗教	巫術
歸屬感	信徒屬於某一個團體，如教會、廟宇或清真寺	沒有信仰社群或團體意識
教義體系	有一套引導信徒行為的德性或倫理體系	沒有一套德性或倫理體系
儀式意義	儀式有意義：增強信念模式	儀式不一定有意義：儀式只用於施符咒或讓某件事情發生
儀式時間	定期舉行儀式（如每週、每月、每年等）	在關鍵（危機）時刻舉行儀式
功能範圍	對個人與（社會）結構都有作用	只對個人具有作用
儀式公開性	參與是開放的，宗教領袖在舉行儀式時帶領整個團體	只有領袖知道儀式內容及進行方式，其他人都是在參與時順從
目的	信徒對超驗的存有或力量（神）的崇拜，本身就是目的	為了功利的目的而操縱非人格的超驗力量

宗教與巫術的區分[15]

陰神求明牌等行為，就具有強烈的巫術色彩。由於巫術沒有以崇拜神為主的價值，因此人們往往缺乏對巫術信仰對象的敬畏與尊重。有些巫術的信仰中心，還可能因無法滿足人們需求而遭到被破壞的命運。

如一九八〇年代中期，台灣社會盛行「大家樂」的賭博歪風，當時賭徒專門找一些有應公或大眾爺等陰神廟祈求明牌。當他們在求明牌時，經常會以「條件說」的方式與陰神進行交易，比如，如果中獎，便會提供多少供品、香油錢或是請酬神劇班演出等「好處」來「回報」。但是那段時間在淡水或北海岸一帶，也常可以見到一些小型陰廟或神像，因其所賜的明牌「不靈」而被賭徒砸毀。

宗教在社會和個人生活中扮演的角色

宗教無論是對社會或對個人，都具備一定程度的功能性。人們在日常生活中，從事各式各樣包括工作、休閒或家居生活在內的世俗活動，他們也可能參與各種集體的宗教儀式，如天主教或基督教徒星期日上教堂做禮拜、佛教徒舉行法會、穆斯林星期五在清真寺的聚禮等等。這些活動都表明了，宗教是社會生活的一部分。但宗教既然是社會生活的一部分，它的社會用途是什麼呢？也就是說，宗教到底有何社會功能？

而當我們從個人角度來審視宗教時，更不禁要問，為什麼人會需要宗教？宗教對人又有怎麼樣的意義呢？

重點Snapshot 馬克思認為宗教以一種虛偽意識把人民整合在一起，讓他們對生活困境無感或遲頓，是幫助他們逃避現實、安然接納現狀的工具，而就資產階級來說，宗教則是用來壓迫無產階級的工具。

宗教的社會功能

古典社會學三大家麥斯・韋伯（Max Weber，1864-1920）、涂爾幹，以及卡爾・馬克思（Karl Marx，1818-1883）在各自對宗教的研究與看法中，都隱約透露出宗教可能具有特定的社會功能。例如，韋伯認為基督新教（喀爾文教派）的倫理間接促進了資本主義精神的發展，似乎意指宗教有促使社會發展的功能；而涂爾幹認為宗教有助於激發「集體歡騰」（Collective Effervescence），產生集體凝聚力，有促進社會整合的功能；馬克思則認為，宗教是人民的鴉片煙（opiate of the people），是無產階級的鎮靜劑、麻醉藥——宗教以一種虛偽意識把人民整合在一起，讓他們對自己生活困境無感或遲頓，是幫助他們逃避現實、安然接納現狀的工具；就資產階級來說，宗教則是用來壓迫無產階級的工具。

當我們講述功能時，難免會想到正面與負面兩種方向。事實上，任何社會體系都有這兩面性，也就是說，在預期之內，積極有助於社會體系運作與發展，維持社會穩定的正功能或顯性功能（Manifest Function），以及消極影響社會體系，產生預期外結果的負功能（dysfunction）或隱性功能。

宗教作為社會體系的一部分，或說作為次體系的存在，自然也具有這兩種功能。對社會整體的正向功能來說，宗教主要是在支持既有的文化與社會結構。在文化的功能上，宗教為文化的價值、道德規範和對人生的看法等方面，提供了形上學的基礎，此外，宗教也有助於防止當社會因失序（Anomie）而產生困惑、迷失方向或偏差行為等大眾社會心理的氛圍與現象，還能為社會文化帶來穩定感。

宗教社會化（Religious Socialization）的功能，使宗教在文化功能上扮演重要角色。當一個人加入某個宗教團體，如佛教的慈濟、法鼓山或基督教靈糧堂，或是信奉普化宗教的民間信仰（信徒因不同原因與需要，定期祭拜各種不同神明）後，當事人在信仰過程中，透過正式或非正式的方式，逐漸內化該宗教或信仰所宣揚的價值觀、倫理觀以及規範。這些觀念也就成為當事人行為的準則或基礎。許多宗教團體如慈濟等，鼓勵家庭倫理關係、社會救助與強調善行的價值，等於間接維護、支持台灣社會所繼承的部分儒家傳統文化價值觀。

宗教也有助於社會結構的穩定。如前面提到的涂爾幹，在其對宗教的社會學分析裡曾提到，宗教有助於社會的整合。怎麼說呢？因為宗教藉由作為道德社群，提供社群中的人們一個共同的價值與使命。不過當代世界，宗教多元化的情形在許多國家是

重點Snapshot 宗教社會化的功能，使宗教在文化上扮演重要角色。在信仰過程中，人們逐漸內化該宗教或信仰所宣揚的價值觀、倫理觀以及規範，這些觀念也成為當事人行為準則和基礎。

非常普遍的現象，所以如果說有任何一個宗教能扮演整合一整個大社會結構的角色，恐怕少見，但是具有宗教性質的儀式，如國家規模等級的紀念活動，或許能具有類似的整合功能，例如美國社會在九一一恐怖攻擊事件之後，定期為罹難者舉行的相關悼念活動，等於為其家屬及當時整個社會瀰漫的驚恐、憤怒以及悲傷的情緒，提供一個集體宣洩的機會與管道，有助於社會再度團結凝聚起來。

此外，由於九一一事件涉及塔利班政權與美國政府兩個「國家層級」之間的衝突，所以在悼念儀式上使用的國旗與國歌等象徵物，特別重要。根據涂爾幹的分析，儀式中所使用的象徵物能激發成員某種特別激動的情緒與神聖感受。而當所有人進行一致的儀式動作，共同創造出集體歡騰，大家感受到合一時，那個狀態就是宗教。因此，當參與者在全國性的悼念儀式中齊唱國歌、高舉美國國旗時，當下所產生的集體感受即是一股類似宗教的情緒，有助於協助美國社會結構的再次整合與穩定。

前面提過，任何一個社會次體系的運作除了發揮正功能之外，也可能產生負功能或隱性功能。由於體系的社會功能具有這種雙重特色，所以宗教在提供社會正功能的同時，也可能產生負功能結果。

宗教能把來自不同社會背景的信徒，整合在一套共同的價值和信仰裡。但是如果有個宗教團體宣揚極端的末世思想，讓信徒相信這個世界就要毀滅，而唯一的奉獻或救贖之道就是追隨教主的引導，可是做法可能是去毀滅自己或對外毀滅世界，那麼這個宗教就不是提供社會正功能，而是負功能。美國一九九七年的天堂之門信徒集體自殺事件，以及日本一九九五年的奧姆真理教在地鐵施放沙林毒氣殺人事件，便是宗教對社會產生負功能的實例。

上述所說的兩例，是比較極端的宗教反社會案例，然而宗教的功能不見得都是反社會。就像先前說過的，宗教還有支持文化及社會結構的正功能，但這個正功能從另一個角度來看，卻也可能有其負功能。因為支持既有的社會結構就代表支持社會現狀，所以如果某一宗教的社會影響力很強，那麼當社會進行變遷或改革時，就可能遭遇阻力。例如現今美國南方有一些州的保守派基督教會，仍然拒絕接納同志，也主張婦女不應墮胎，因為它們具有很大的輿論影響力，所以當地州政府想要修改法律，推行同志婚姻合法化的改革便很難成功。

宗教的個人意義

宗教除了對社會帶來影響，也同時對個人產生意義，這其中包括一套完整的世界

重點Snapshot 如果有個宗教團體宣揚極端的末世思想，而唯一的奉獻或救贖之道是追隨教主的引導，去毀滅自己或對外毀滅世界，這個宗教就是提供社會負功能。

觀以及對生命的解釋，並能提供人認同感與歸屬感。

宗教為何可以提供人們意義？讓我們用保羅·田立克（Paul Tillich）的終極關懷（Ultimate Concern）概念來理解[16]。田立克認為，人類有想要理解生命的目的，和對死亡、受苦、邪惡以及不公義等現象的基本關懷。當我們面臨或思考自己和周遭親友的生、老、病、死，以及受苦等生命現象時，俗世生活的知識與道理，往往無法貼近內心那股追問本質性問題「為什麼」的衝動，此時宗教所提供的一整套對於生命意義的解釋，往往如久旱逢乾霖般，緩緩平撫人的情緒、解答人的困惑，讓人重新去認識生命究竟是什麼，以及定位人在社會、世界和全宇宙之間的位置。所以田立克認為：宗教是人的關懷。

在提供人們認同感與歸屬感方面，宗教能幫助當事人適應生存的不確定性，或是對因內外在環境變動所造成的焦慮不安，提供情緒的支持。尤其在變遷快速的社會中，當人們因工作需要，必須離開熟悉的生活環境與親人，從一個城市遷移到另一個城市的情況下，宗教團體——不管是主流宗教或新興宗教——往往能滿足信徒此種認同與歸屬感的需求。其他國家也有研究指出，宗教可幫助移民建立他們在移民國家的認同與歸屬感，例如早期移民美國的義大利人原本在家鄉時，並不認同自己天主教徒的身分，但遷移到美國之後，在新環境裡，在不同規範與價值觀的衝擊之下，許多人轉而成為虔信的天主教徒，並且對某一個天主教會具有強烈的認同與歸屬感，許多天主教會更成為義大利移民的社區中心，幫助信徒維繫他們對家鄉的情感[17]。

宗教的面向

那麼，宗教是由什麼組成的呢？我們可以從宗教信仰、宗教儀式（與活動）、宗教經驗和宗教社群[18]等幾個層面，來認識社會中的任何一個宗教。

宗教信仰

宗教的第一個面向是信仰（Belief），即認知的層面，包含世界觀在內的教義與思想。

宗教的信仰面向，形塑了信徒認識世界與生命的一套架構與解釋，並提供行事為人的基礎，所以信仰的面向有抽象的觀念，也有具體的行動準則，例如基督徒相信人類及萬物是由上帝所創造，人死後要接受審判，義人將上天堂，惡人將下地獄，所以要宣揚基督的愛並且活出基督的精神；而台灣民間信仰的信徒，可能相信生命有因果

重點Snapshot 在提供認同感與歸屬感方面，宗教能幫助人們適應生存的不確定性，或是對因內外在環境變動所造成的焦慮不安，提供情緒的支持。

輪迴、有業報，疾病是業障，並且由於「人在做，天在看」，所以要多行善事，累積福報。

宗教的信仰面向有正式的部分，如寫成文字供傳誦閱讀的各種宗教經籍，如《聖經》或佛經、善書，以及非形式如神話、意象、規範與價值等等，通常藉由口述流傳的內容。

☼宗教儀式

宗教的第二個面向是儀式（Rite），即具有宗教意義的一套重複象徵式動作。

宗教的儀式面向可再分為個人儀式與團體儀式兩種，前者如在家唸經、禮佛、打坐或讀經禱告，後者如佛教道教的各種法會、基督教或天主教的禮拜、彌撒、聖餐禮等。宗教儀式的象徵意義與前述的信仰面向密切相關，儀式能增強並再次確認宗教團體成員的信仰，所有參與者在儀式過程中，分享各種象徵所希望傳達的意義。對個人而言，儀式除了強化與信仰相關的象徵意義之外，也有助於個人認同該宗教團體及其目標。此外，透過宗教儀式與信仰所表達出來的象徵意義具有真實力量，足以讓個人產生宗教經驗。

☼ 宗教經驗

宗教經驗（Religious Experience）是宗教的第三個面向，是指當事人主觀上體會或感受到與神聖的接觸經驗。

宗教經驗是主觀的，涉及各種情緒，而儀式與信仰可以激發出信徒的宗教經驗。信徒的宗教經驗在情緒上可能有不同內容的差異，正面情緒如寧靜、和諧、喜悅、安全感，負面情緒如驚慌、焦慮、害怕等。宗教經驗還可能有程度上的差異，從感受到有神、感動流淚、身體搖晃，到比較激烈的不尋常神祕經驗，例如出現所謂的「替代意識狀態」（alternate state of consciousness），是指個人的意識暫時脫離日常生活的三度空間範圍，當事人可能感受到和某種神祕的存有或力量合而為一，甚至有出體（out of body）經驗。有些人在學習禪坐或其他靈修冥想方法的過程中，也會體驗到這種狀態。

不同宗教或甚至是同一宗教內的不同宗派，對於宗教經驗可能有截然不同的態度。例如，大部分的基督教宗派並不積極鼓勵高度情緒的宗教經驗，然而對某些靈恩教派（Pentecostalism）而言，這種宗教經驗——例如在聖靈充滿的狀況下說出靈

重點Snapshot　宗教經驗是主觀的，涉及各種情緒，而儀式與信仰可以激發出信徒的宗教經驗。

語——卻很重要，教會也鼓勵信徒積極追求。

☼宗教社群

最後一個宗教面向是宗教社群（Religious Community）。宗教社群是指由信仰同一宗教的人所組成的團體或組織，其目的在於支持信徒的信仰與規範，凝聚信徒對所屬宗教的向心力，以及維持該宗教在社會中的運作與發展。

形式上，一個宗教社群可以是正式登記成立的組織，如教會或各種道教、佛教或新興宗教等團體，也可以是非正式的組織，如一群志同道合的人跟著一個宗教導師定期共修的形式。此外，從歷史角度來看，當今世界上每一個組織化的宗教，其發展過程都是由非正式團體開始，逐漸演變而成制度化宗教社群。這方面的內容，我們在接下來星期二的章節中，將會有進一步的說明。

台灣與全球宗教人口分布情況

宗教在世界各地的發展情形為何？儘管這個問題難以精確回答，然而透過大規模

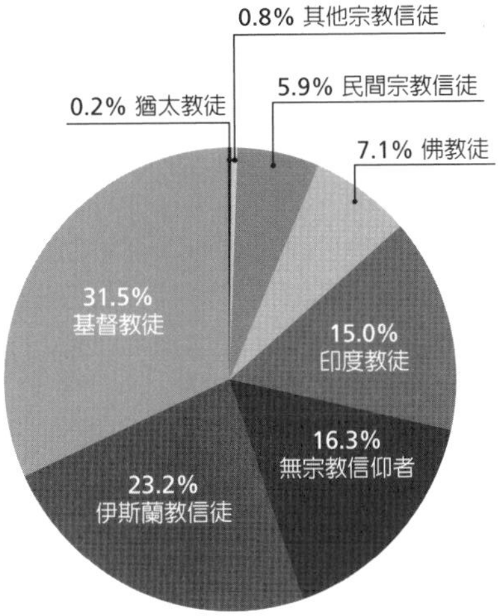

主要宗教佔全球人口比例[24]

社會科學調查宗教在世界各國分布的情況，我們或許能對於宗教世界發展的情形有概括認識。

如圖所示，根據普由研究中心（Pew Research Center）於二〇一二年發表的全球宗教風貌（Global Religious Landscape）研究報告[19]指出，主要宗教團體佔全球人口的比例，依序為：基督宗教徒人口三一．五%[20]，穆斯林人口二三．二%，無宗教人口一六．三%，印度教徒人口一五%，佛教徒人口七．一%，民間宗教人口五．九%，其他宗教人口〇．八%，猶太教人口〇．二%。

其中，無宗教（religiously

重點Snapshot 從歷史角度來看，當今世界上每一個組織化的宗教，其發展過程都是由非正式團體開始，逐漸演變而成制度化宗教社群。

unaffiliated）的定義是指當事人沒有加入任何宗教團體，而民間宗教（Folk Religions）人口則包括非洲傳統宗教、中國民間宗教以及北美和澳洲原住民宗教。至於其它宗教人口，則包括巴哈伊教（Bahai's）、耆那教（Jainism）、錫克教（Sikhism）、神道教（Shintoism）、道教（Taoism）、天理教（Tenrikyo）、巫術信仰（Wicca）和祆教（Zoroastrianism）等等。

如果我們再依地理區域來看這些宗教世界人口的分布情形[21]，會發現大部分的主要宗教人口都集中在亞太地區。

印度教徒與佛教徒各有九九%人口在亞太地區，而民間宗教也有九〇%的人口住在此區，甚至其他宗教人口，也有八九%的信徒也集中在亞太地區。

至於無宗教信仰者的人口，約有七六%在亞太地區。甚至穆斯林人口中也有很大一部分，約六二%的信仰者集中在亞太地區，而中東及北非地區的穆斯林人口，只佔全世界穆斯林人口的二〇%。

而基督徒人口的分布情形比較分散，二六%在歐洲，拉丁美洲與加勒比海地區約有二四%，亞撒哈拉地區有二四%，亞太地區則佔了世界基督徒人口的十三%，另外約有一二%的信徒在美國[22]。

至於猶太教人口的分布，四四%在北美，四一%在北非與中東地區，主要都集中在以色列[23]。

普由研究中心的這項調查範圍，囊括包含台灣在內，全世界約兩百三十個國家。根據該中心的整理，台灣社會的宗教分布情形如下：民間宗教信徒佔全台人口比例約四四．二%，佛教徒佔二一．三%，基督宗教徒佔五．五%，其他宗教信徒約佔一六．二%，無宗教信仰人口為一二．七%，穆斯林、印度教、猶太教信徒各佔不到〇．一%。

這份統計資料是普由依據二〇〇九年台灣社會變遷調查的宗教調查結果，再依該研究中心使用的全球宗教類別，加以調整產生出來的數據。但我們回到普由參考的原始調查資料，從接下來這張統計表格來看台灣社會的宗教分布，會更清楚我們的宗教分類：民間信仰信徒佔了五六．三%。佛教則有一九．七%，將近五分之一的人口。而基督宗教（含基督徒與天主教徒）則佔了五．五%。至於「數教合一」，是指同時信仰一個以上的宗教，這樣的人在總數中約佔了三．二%，而一貫道有一．七%，外來宗教如創價學會、統一教或日蓮正宗等等，不到一%。無宗教信仰者約有一二．九%。

重點Snapshot 依地理區域來看宗教世界人口的分布情形，會發現大部分主要宗教的人口都集中在亞太地區。

從這兩個調查報告的統計結果來看，儘管社會變遷調查的原始資料，與普由的統計百分比相較，民間信仰的比例數字變動較大[25]，但它仍是台灣社會的主要宗教。其次是佛教徒，再其次是無宗教信仰的人士。此外，這些數據證明，與世界其他國家相比，台灣是一個宗教多元化程度很高的社會，僅次於新加坡。而這一點，我們將於本書稍後相關章節再加以詳細說明。

宗教別	百分比(有效樣本數)
民間信仰	56.3% (1085)
自認佛教	19.7% (380)
基督宗教	5.5% (105)
無宗教	12.9% (249)
數教合一	3.2% (62)
一貫道	1.7% (33)
外來宗教	0.7% (13)
總計	100% (1927)

台灣社會的宗教分布[26]

3分鐘 重點回顧

❶宗教的起源有各種說法：宗教學認為宗教源於自然神論，宗教是一種體驗，是人把自然現象神格化的結果；人類學認為萬物有靈論是宗教的最早表現形式，認為一切生命都充滿精靈與力量；社會學認為宗教起源自社會，宗教是社會的產物。而從個人角度來看宗教起源，宗教則是源於人類的敬畏情緒。

❷宗教定義的切入角度有四種，包括：實質的定義、功能的定義、象徵的定義，以及社會建構論的定義。它們就像四副不一樣的眼鏡，讓我們看到不一樣的宗教風景。

❸宗教的種類有不同的畫分方式，包括：制度宗教與普化宗教、一神論宗教與多神論宗教、傳統宗教與新興宗教、宗教與巫術等。

❹宗教的社會功能，在於支持既有的文化與社會結構；宗教的個人功能，在於提供個人一套世界觀與生命意義，以及認同感與歸屬感。

❺任何一個宗教，都有宗教信仰、宗教儀式、宗教經驗與宗教社群四個面向。

❻全球主要宗教人口的分布情況：基督宗教徒人口最多，高達三一．五%，穆斯林人口二三．二%，無宗教人口一六．三%，印度教徒人口一五%，佛教徒人口七．一%，民間宗教人口五．九%，其他宗教人口〇．八%，猶太教人口〇．二%。

❼台灣社會的宗教人口分布情況：民間信仰五六．三％，自認佛教徒一九．七％，基督宗教五．五％，無宗教一二．九％，數教合一三．二％，一貫道一．七％，外來宗教〇．七％。與世界其他國家相比，台灣是一個宗教多元化程度很高的社會。

附註：

1. Pew Research Center2012。
2. 根據二〇〇九年台灣社會變遷調查宗教變遷的原始資料所統計而來。
3. 這裡指的科學研究是與神學取向對立的觀點，始於十九世紀，當時研究宗教現象的學者們受到自然科學的進化論觀點影響，同時為擺脫神學觀點的宗教起源解釋（各種神話的描述、上帝、道、純意識等），於是提出各種宗教起源論。
4. Streng 1984: 193-205。
5. 代表人物如早期英國人類學者泰勒（E. B. Tylor,1832-1917）。
6. 由法國古典社會學家涂爾幹（Emile Durkheim,1858-1917）提出。
7. 奧托使用的這句拉丁文英譯為 trembling and fascinating mystery。
8. 此處神聖一詞是指人類主觀體會到的神聖經驗，不是神學論述的上帝概念。
9. 一般而言，宗教社會學在介紹宗教定義時，只談前三種（實質的、功能的、象徵的），這裡補充第四種（社會建構論），主要是把社會理論中的社會建構論應用在對宗教定義的觀點（陳淑娟 2006）。
10. Roberts and Yamane 2012: 4。
11. 涂爾幹是在社會學意義上使用「教會」一詞，並不是特別指基督宗教的教會，而是泛指所有具有宗教道德凝聚力的社群團體。
12. Durkheim 1915。
13. 「為什麼」（why）的問題很複雜。當我們在思考一個宗教現象時，除了分析這個現象之所以是宗教，是採取何種定義來看之外，還要再加上歷史、社會、文化等因素的考量。
14. 楊慶堃（Yang 1961: 294-340）提出的分類。
15. 宗教與巫術的區分是由 Titiev（1972）提出，表格內容是筆者編譯自 Roberts and Yamane（2012: 13）。
16. Streng 1984: 258-259。

17. Marty 1972。

18. 多數宗教社會學教科書籍沒有特別介紹這四個面向，而是在不同章節談及相關主題。但是McGuire（2008）的書特別以一節來談這四個面向。對此有興趣進一步了解者，可以參考。

19. 這一節的主要參考資料來源，是普由研究中心的宗教與公共生活研究（Pew Research Center's Forum on Religion and Public Life）於二〇一二年所公布的「全球宗教風貌」研究調查成果報告。普由研究中心這份研究調查，範圍包含全世界兩百三十多個國家的宗教，使用超過兩千五百多個大型研究的相關統計資料或資料庫，加以整合分析而成。研究報告內容可至其網站上下載。

20. 基督宗教包含中文所稱的基督教會與天主教會。基督宗教在全世界約有二・二億的信徒，其中約有一半人口（五〇%）是天主教徒（Pew Research Center 2012: 17）。

21. Pew Research Center 2012: 10。

22. Pew Research Center 2012: 17-18。

23. Pew Research Center 2012: 11。

24. 圖表出處：Pew Research Center 2012: 9。

25. 主因是在於普由研究中心的宗教分類方式，與台灣宗教變遷調查的歸類方式不同。普由研究中心為了比較全世界的宗教人口，在綜合使用來自世界各地研究中心的數百個統計資料庫時，必須從原始資料重新加以分類，因此在民間宗教一類上，普由的定義不含道教。但是台灣社會變遷宗教調查的歸類，把道教納入民間信仰。但是兩份調查結果都有參考價值，普由研究中心的調查，是從全球角度來看台灣宗教情況，而台灣社會變遷宗教調查，則是以台灣社會角度來看自身的宗教發展情況。

26. 資料依據是根據二〇〇九年「台灣社會變遷計畫宗教變遷」第五期第五次調查結果的原始資料統計而來。

Day 02 Tuesday

星期二

出現與發展

-Emergence and Development-

宗教具有自我反思的性格。宗教不只是外力的結果；它們也是自己發展過程中的仲介、觀察員與評論人。

——詹姆斯·貝克佛（James A. Beckford）

宗教如何成形和發展——從世界與台灣宗教的型態，了解宗教的演變

如果我們有穿梭時空的超能力或是時光機器，可以回到耶穌、佛陀或穆罕默德的時代，看看這些宗教教主如何出現、為何會有人追隨，個別的宗教團體又是如何成形、發展與傳播，最終成為世界規模的宗教，相信我們必能對於每個宗教有更深一層的認識。

不過身為凡人的你我，沒有科幻小說中的穿越時空超能力或神奇機器可以任意來去，但是我們可以運用許多關於宗教歷史發展、經典詮釋或是宗教實例探討的相關文

獻，一窺世界各主要宗教的出現與發展過程。

每個宗教[1]都有它的出現與發展過程，也就是在社會中如何誕生、成長、成熟的歷史故事。宗教具體成形的過程，我們稱為「宗教的制度化」。因為每個宗教都有其獨特的歷史故事，所以當宗教團體誕生之後，接下來會遭遇什麼樣的命運，是持續發展或瀕臨滅亡，或是最後建立起制度化的組織與規模……在形成之初，誰都難以預料。但了解宗教制度化的歷史，我們就能明白，現今世界主要宗教是如何發展壯大，逐漸形成信徒遍布各地的規模？而台灣社會的宗教信仰發展，又經歷什麼樣的過程？

星期二這一天，就讓我們透過相關理論、概念與宗教實例，來認識宗教的發展模式，以及一些世界性宗教的發展歷程。

宗教是怎麼成形的？

在歷史上，大部分制度性宗教的產生，多是因為出現有利於該團體發展的新社會條件，其發展過程通常是從一位具有「神才魅力」（Charisma）的領導人物開始。由於他行神蹟，或宣講神或神聖的訊息，追隨者通常視這個人物為神的化身或代理人，

重點Snapshot 每個宗教都有它在社會中如何誕生、成長、成熟的歷史故事。宗教具體成形的過程，稱為「宗教的制度化」。

而他所傳播的訊息在追隨者的心中就是真理。追隨者相信，他有一般凡人無法企及的人格特質，或是能行使一般人無法擁有的能力，比如超能力或特殊力量，因此把他視為神聖源頭或是模範，並奉為領袖。

在神才魅力人物的面前，追隨者常會體驗到神祕感或是敬畏的情緒。此外，當有越來越多人因受到其特質與言語吸引並追隨，一個以這位領袖（教主）為主，追隨者（信徒）為輔的非正式團體就自發形成，宗教因此而誕生。耶穌的故事即是最好的實例。

但是在單純以教主的神才魅力為核心的宗教草創時期，團體的性質是非常不穩定的。因為此時團體的存在與發展完全仰賴教主個人的能力與魅力，這和世俗社會中講求理性運作、按規則行事的風格截然不同。因此，宗教團體如果想要在社會中繼續發展，就有必要進行轉型，這個轉型過程可稱為「神才魅力的常規化」（Routinization of Charisma），也就是把神才魅力的個人領導型態，改變成為以科層制取向的理性組織型態，讓團體成為制度化。

神才魅力要能變成常規化，需處理幾個問題：新教主繼承的問題、為團體建立一套明確的角色與地位、確立教規儀式與活動，以及團體長期發展、擴張所需要的穩定經濟來源。否則，這個階段的宗教團體，一方面由於是以教主的神才魅力為基礎，帶有濃厚的非理性色彩，無法長期穩定發展；另一方面，具有神才魅力的教主若在團體尚未完成制度化之前就過世，那麼團體要不是面臨滅亡，要不然就將面臨內部因爭奪教主權力而分裂的狀態。

在繼承的問題上，宗教團體不只要處理尋找新教主的問題，還要能夠把原屬於創教主個人的神才魅力，轉移到教義與組織上面。例如，基督教之所以不因為耶穌這位具有神才魅力的領袖死亡而消失，就是因為耶穌的神才魅力已經成功轉移到代表教義依據的《聖經》與代表組織的教會制度上。

至於新教主方面，有些宗教團體，是創教主還在世時就建立起一套繼承方式，或是預先指定由某人繼承，這方面我們可以台灣法鼓山的例子為代表。台灣當代的佛教團體法鼓山，由於創辦人聖嚴法師在過世[2]的前兩年，就已經先把住持之位交棒給現任的果東法師（法鼓山第二任方丈住持），並為法鼓山的傳承建立一套制度[3]，因此整個宗教組織在他離世後能夠順利的繼續運作下去。

通常，創教主的組織能力如果很強，就可能在其領導期間內建立整個宗教團體的制度。否則，宗教團體的制度化過程中，可能會歷經時代與不同教主的承續，而形成

重點Snapshot 以教主的神才魅力為核心的宗教草創時期，團體的性質非常不穩定，完全仰賴教主個人的能力與魅力，如果想要在社會中繼續發展，就有必要轉型，此過程稱為「神才魅力的常規化」。

各種類型。

以下我們就來看看，在宗教的制度化過程中，可能發展出哪些類型。

宗教制度化的類型

先前提到，宗教在草創時期是以一位具有神才魅力的領袖為核心，後來隨著聚集的信徒人數越來越多，團體的需求與目標也越來越明顯的情況下，為了要延續下去，團體逐漸走向制度化的過程。

我們可以使用兩種宗教制度化模式，來理解在宗教發展的過程中，如何從出現神才魅力的領袖開始，然後往常規化發展，到組織的階層體系及分工，以及最後得到大社會承認，成為一個合法宗教的過程，一個是從教派（Sect）發展成為教會（Church）的模式，另一個是從崇拜教團（Cult）發展成為新興宗教（New Religion）的模式。

教派到教會的發展模式是主流宗教的制度化類型。社會通常接受這類宗教，因為它們的教義思想有傳統宗教的淵源。而崇拜教團到新興宗教的發展模式，則是比較不被傳統宗教接納、經常受社會質疑的宗教制度化類型。這兩種制度化的發展過程，可參考下一頁圖表所示。

這兩種宗教的制度化類型就像是兩條平行的單行道，每個宗教會選擇其中一條道路行走。道路上分布幾個階段，就像是休息站一樣的存在，有些宗教的制度化發展會停留在某一個階段，但有些宗教則持續發展，最後來到終點站，成為教會或新興宗教。不同階段的發展差別，主要在於該宗教的規模——是區域的、全國的或是跨國的宗教——或視宗教組織的複雜程度，以及該宗教受到大社會及其他宗教接受的程度而定。

以神才魅力為主的宗教團體，在制度化剛開始的第一個階段，稱為教派或崇拜教團。具有神才魅力的教主如果是來自某個傳統宗教的神職人員或信徒，宣揚的思想也來自該傳統宗教，那麼他所創立的團體就是「教派」。但如果該位具有神才魅力的教主，沒有特別明顯的宗教傳承脈絡，並提出一套好像自創或是擷取自不同宗教體系的思想大雜燴，那麼他所創立的團體就是「崇拜教團」。

但是教派與崇拜教團有一個共同點：它們都是以神才魅力的領導型態為主，團體的結構簡單而鬆散。此外，教派和崇拜教團的出現，通常代表對社會或現有宗教現狀有某種程度的不滿，希望能為他們的信徒提供一個更好的選擇或方向。

重點Snapshot

教派到教會的發展模式是主流宗教的制度化類型，社會通常接受這類宗教，是因為它們的教義思想有傳統宗教的淵源；崇拜教團到新興宗教的發展模式，則是比較不被傳統宗教接納、經常受社會質疑的宗教制度化類型。

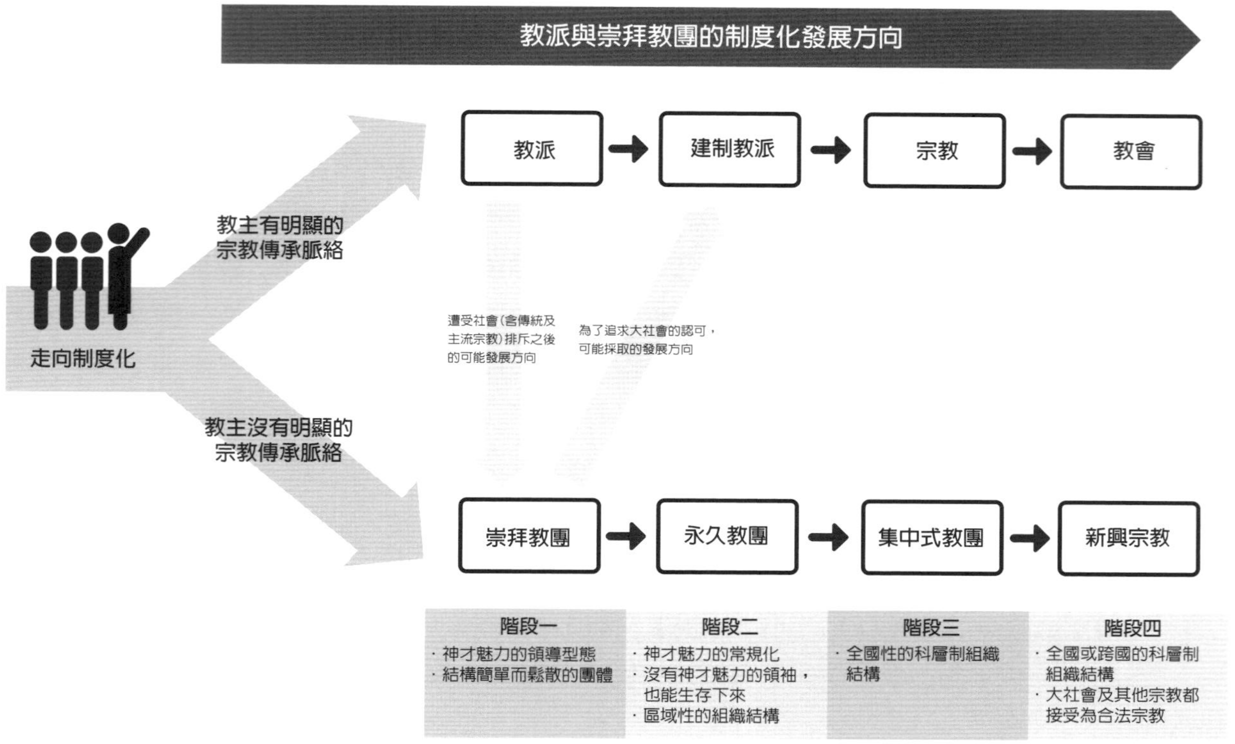
教派與崇拜教團的制度化發展方向
走向制度化
教主有明顯的宗教傳承脈絡
教主沒有明顯的宗教傳承脈絡
教派
建制教派
宗教
教會
遭受社會(含傳統及主流宗教)排斥之後的可能發展方向
為了追求大社會的認可，可能採取的發展方向
崇拜教團
永久教團
集中式教團
新興宗教
階段一
・神才魅力的領導型態
・結構簡單而鬆散的團體
階段二
・神才魅力的常規化
・沒有神才魅力的領袖，也能生存下來
・區域性的組織結構
階段三
・全國性的科層制組織結構
階段四
・全國或跨國的科層制組織結構
・大社會及其他宗教都接受為合法宗教

宗教制度化過程的兩種可能發展模式[4]

教派與崇拜教團這兩種型態的宗教，也有可能因某些外在的社會因素而互相轉換。如果社會中的傳統宗教極力排斥一個教派，那麼該教派就可能因此改變，往崇拜教團到新興宗教的模式發展。例如美國吉姆·瓊斯（Jim Jones）牧師創立的「人民聖殿」（People's Temple）即為一例。同理，若一個崇拜教團在發展過程中努力調整自己，讓社會產生信任，那麼它也有可能轉往教派到教會的模式繼續發展。

教派的下一個制度化階段是成為「建制教派」（Established Sect），而崇拜教團的下一個階段則是成為「永久教團」（Permanent Cult）。建制教派與永久教團的制度化程度相同，此階段教主的神才魅力都已經常規化，即使沒有神才魅力的領袖也能生存下來。宗教的規模屬於區域性質，還沒有全國化規模的宗教組織或科層結構。

建制教派與永久教團的下一個制度化階段是「宗派」（Denomination）與「集中式教團」（Centralized Cult）。到了這個階段的宗教，已經發展出成熟的科層制組織結構，而且是全國性規模的宗教。制度化的最後階段，是分別成為「教會」或「新興宗教」，此階段的宗教有全國或跨國規模的組織結構，角色分工清楚完整，而整個大社會及其他宗教也都承認它們是合法的宗教。

但我們要特別留意，這些不同程度的宗教制度化類型，就如先前在星期一單元中

重點Snapshot 以神才魅力為主的宗教團體，在制度化剛開始的第一個階段，稱為教派或崇拜教團，其共同點為：都是以神才魅力的領導型態為主，團體的結構簡單而鬆散。

介紹的多種宗教定義方式一樣，只是一副眼鏡。如果用社會學的專業術語來說明，它們是一種理想類型（Ideal Type）[5]。當我們說某一宗教屬於某一種類型時，只是為了幫助我們能以較有組織的分類方式，更深入認識宗教現象。

不過歷史的發展就像流動的河水一樣，是一個動態的過程，所以當我們說某個宗教是某一種類型時，不代表該宗教永遠不會變化成另一種類型，而是表示，我們是在歷史的某一特定期間內觀察該宗教的組織特徵，然後做出歸類。例如十九世紀於日本創立的創價學會，一開始只是個崇拜教團，但如果從制度化的「成熟」程度來審視它現今的發展情況，會發現它不但成為日本最大的新興宗教，而後還向全球各地，包括台灣發展，而且也已經是一個被社會認可的新興宗教。

除了宗教往制度化方向發展的過程，可能遵循以上教派到教會，或崇拜教團到新興宗教的模式之外，還有一些宗教是與文化混融在一起的「普化宗教」。

接下來我們所要介紹的幾個世界性的宗教體系中，印度教的發展因為宗教與文化之間互相混融，可說是普化宗教的代表。此外，一些原始宗教與民間信仰也屬於普化宗教，所以有學者稱這些宗教是「普世的擴散性教會」（Universal Diffused Church）[6]。它們雖然不是朝獨立的組織化、角色分工的專門化等制度化方向發展，但因為與文化長時期混融在一起，也達到了如前述教會或新興宗教的成熟階段，得到全國或整個社會及非信徒的認可，成為合法的宗教。

認識世界五大宗教的發展

前面我們介紹的是宗教形成過程的兩種制度化發展模式，主要是從宗教社會學的角度，提供大家一種歸納方式，以了解宗教從出現到成熟的過程中，可能出現哪幾種不同的類型。但如果只有理論架構，讀者或許難以想像現實世界的某個宗教應歸屬於哪一種類型。所以接下來，我們將就世界五大宗教為例，認識其發展過程。

此處的重點不在於詳述各宗教的歷史發展過程，而是透過宗教簡史來了解，一個新的宗教發展，是如何成為世界規模的宗教。

此外，我們也要注意，先前提到宗教的發展過程，較適用於解釋制度宗教，例如在談普化宗教如印度教的時候，因為有其各別與地區文化結合的複雜背景與特色，所以我們在了解這幾個宗教時，必須從它的文化發展過程來認識該宗教的現象。

重點Snapshot 一些原始宗教與民間信仰也屬於普化宗教，因為與文化長時期混融在一起，達到了成熟階段，得到全國或整個社會及非信徒的認可，最後成為合法的宗教。

印度教

「印度教」（Hinduism）一詞，就像台灣的民間信仰或民間宗教一樣，指涉文化現象的意義更多於指涉單一宗教。

如前所述，印度教是一種普化宗教，與印度的文化混融在一起發展，沒有絕對的創教主。通常，當我們想到印度教的時候，腦海中會出現許許多多不同的神祇和許多不同的經典、不同的儀式或活動，以及散布在廣大印度地區的不同印度民族。事實上，印度教一詞是西方人對印度人宗教信仰現象的一個「統稱」[7]。儘管印度教包含不同的哲學與神學傳統[8]，但在大部分研究印度教的學者眼中，這是印度河流域文明以及亞利安文化，兩個不同文化開創性融合的結果。

整體來說，印度教發展大致可分為幾個階段：哈拉帕文明時期、吠陀時期、奧義書時期、後奧義書時期和傳統印度教時期。

☼ 哈拉帕文明時期

印度教的遺跡可溯及西元前二〇〇〇年左右，在印度西北部靠近印度河一帶（今巴基斯坦）。主要是以哈拉帕（Harappa）和摩漢喬達羅（Mohenjo-Daro）兩個城市為中心，發展出的一個古文明，被稱為「印度河流域文明」或稱「哈拉帕文明」。考古學家從哈拉帕文明中所遺留下來的雕像與商業用途的印璽圖案裡，推敲出他們的宗教信仰包括對大地之母的崇拜（即今日印度教中的Devi母神）、動植物崇拜（如聖牛Nandi），以及濕婆（Shiva）崇拜[9]。哈拉帕文明結束於西元前一七〇〇年左右，但是其宗教元素被保留下來，成為今日印度人宗教生活中的一部分。

哈拉帕文明在神祕消失之後[10]，西元前一五〇〇年左右，另一個種族從印度的西北方進入印度北部，他們稱自己是亞利安人（Aryans）[11]。亞利安人的語言是古梵語，屬於包括希臘文、拉丁文和英文在內的印歐語系的一環。亞利安人開啟了印度教發展的吠陀宗教時期，主要是因為他們信奉天啟流傳下來的吠陀（Vedas）經義。

吠陀時期

根據記載，吠陀經典約在西元前一二〇〇年左右出現，是口傳的集結。吠陀的字面意義是指「知識」，主要由《梨俱吠陀》（Rig Veda）、《娑摩吠陀》（Sama Veda，《梨俱吠陀》中一些聖詠的匯編）、《耶柔吠陀》（Yajur Veda，犧牲祭儀的

重點Snapshot 印度教發展大致可分為幾個階段：哈拉帕文明時期、吠陀時期、奧義書時期、後奧義書時期和傳統印度教時期。

做法及規則）和《阿闥婆吠陀》（Arthava Veda，巫術符咒以及咒語）等四部經書構成。補充吠陀經典的專著稱為《梵書》（Brahmanas），主要在解釋犧牲儀式。而吠陀經典再加上後來出現的《奧義書》（Upanishads），就組成了印度教的主要經書。

而其中最主要的經典《梨俱吠陀》，相傳是亞利安人祭司寫作的詩歌，主要在犧牲儀式中唱頌。這些總計超過一千首以上的詩歌，在經過數百年的時間口述流傳，最終被書寫收錄成書，建構出印度教最重要的經典。

在亞利安人佔據支配地位之後，自然而然的把印度當地的神祇與崇拜方式，替換成他們自己的神與崇拜方式。但就像早期基督教信仰成為統治階級的宗教後，其他如以神祕主義（Esotericism）為基礎的各種崇拜與儀式並未消失，而是在民間流傳，成為庶民信仰的一部分，早期的印度居民也並未因為亞利安人的統治而完全失去他們的信仰。這些所謂「前亞利安印度信仰」的種種元素，仍在民間流傳，並且對於多神信仰的印度教有所貢獻，例如所謂的大地母神崇拜，對樹、蛇、牛等動植物崇拜以及濕婆信仰等等[12]，都成為印度教中的一部分。

吠陀時期從西元前一五〇〇年到西元前六〇〇年左右，持續了約一千年左右的時間。吠陀經典自此之後居於印度教的經典地位，但是亞利安人信奉的眾神則逐漸從印度人的生活中消失。接下來受到重視的是《奧義書》，以及從中延伸發展出來的梵（Brahman）的概念。

奧義書時期

當亞利安人的宗教從印度北部逐漸往東部及南部廣泛傳播，與當地的原住民有了更多接觸，到了西元前第七世紀，產生了一批修道的隱士。他們以森林為家，以禁欲主義及冥想為主要修行方式。這批隱士在後來人們的靈修生活中扮演著有如祭司般的角色，也發展出詮釋他們神祕經驗的複雜哲學體系，於是逐漸形成了早期的《奧義書》。

《奧義書》全文約兩百多篇，後來附加到《吠陀經》裡。其中最重要的思想，就是對於「梵」這個概念的新看法。

在《梨俱吠陀》中，「梵」字意指犧牲的神奇力量，但是在奧義書時期，它的意義大為擴張，指的是一個遍布宇宙的、超越的、無限的、不具人格的實相（Reality），是一個永恆的大一（One）。它也出現在日常經驗的事物中，並且構成了包括人及動植物在內的每個生命的真實身分。

重點Snapshot 在奧義書時期，梵的意義大為擴張，指的是一個遍布宇宙的、超越的、無限的，不具人格的實相，是一個永恆的大一。梵是神聖知識，藉著禁欲修行以及冥想，放下小我與分離的幻相，就能獲得它。

撰寫早期《奧義書》的隱士們認為，梵的知識是神聖知識，人們只要藉著禁欲修行以及冥想，放下小我（self）與分離的幻相，就能獲得這個知識，發現人的真實身分，就是人的真實大我（True Self），又稱為梵我（Atman）。

後奧義書時期

但在後奧義書時期，這些看法又歷經了進一步的發展。梵的概念從一個非人的它（it）變成人稱的祂（He）、上主（Lord）。這樣的轉變讓印度教信徒能以人的角度向上主禱告並祈求回應。此外，梵的存在變成等同於薩拏羅（Rudra），又稱濕婆。此時期濕婆已經不是眾神之一，而是梵，是創造與統治宇宙的神。信徒的救贖在於上主的知識。至於達到救贖的方法，則是透過瑜珈（Yoga）。此時期所說的瑜珈，是以控制身心為目標的一些操練，是破除個體小我，朝向靈性解放之道。

傳統印度教時期

接續在後奧義書時期之後的，是所謂的傳統印度教時期，此時期印度教中崇拜的兩個主神分別為毗濕奴與濕婆。而亞利安人自吠陀宗教時期成為統治階級後，建

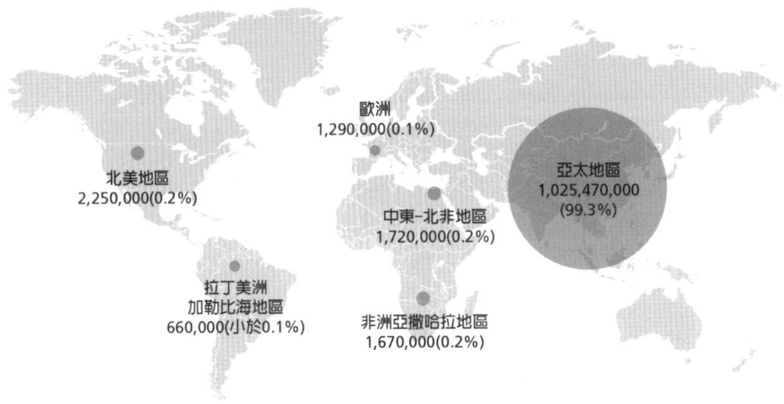

印度教人口世界分布圖

立起了種姓階級制度，稱為「喀斯特體系」（Caste），此時期也已經深植印度社會。

原始的喀斯特體系是根據一個人的職業來區分身分等級，主要有四個階級：最上層的「婆羅門」（Brahmins）為祭司階級；其次是「剎帝利」（Kshatriyas）為武士階級；第三階級是包括農夫、商人與工匠在內的「吠舍」（Vaisyas）；最後一個階級是「首陀羅」（Shudras），是底層的勞力工作者。不屬於這四個階級的人就是「賤民」（Panchamas）。由於喀斯特是一種階級不流動的封閉社會體系，所以每個印度人屬於哪個階級，是由父母所屬的階級來決定。

在宗教上，喀斯特體系是傳統印度教的一部分，被認為是神聖不可違逆的，是宇宙

重點Snapshot 喀斯特體系根據人的職業來區分身分等級，最上層的婆羅門為祭司階級，其次是剎帝利為武士階級，第三階級是包括農夫、商人與工匠在內的吠舍，最後一個階級是底層勞力工作者首陀羅。不屬於這四個階級的人是賤民。

秩序的一環。此外，不同階級的人具有不同的職責，例如祭司階級的婆羅門負責研讀經典與教導人民，以及主持祭儀，為了永遠維持潔淨狀態以主持儀式，所以要遵守飲食戒律，不能吃肉或喝酒；武士階級的剎帝利，職責是保護人民；吠舍階級的主要工作，是繁殖牛隻、農耕、做生意等，負責社會經濟供給；而首陀羅則是服務其他三個階級的人。

儘管印度社會於一九四七年獲得獨立之後，憲法上明文禁止印度教的喀斯特體系的分級，但是在印度這個國家的人民生活中，此體系仍是一個影響人所屬階級的重要因素。

今日全球印度教徒人數大約一億，約佔全世界一五%的人口數，其中約九四%的印度教徒都集中在印度，其餘二%的印度教徒人口數則是分布在尼泊爾，而孟加拉則有一%的印度教徒人口數。

印度教發展成熟之後，佛教也汲取印度教的精神來源而在此時興起，並持續幾百年時間，最後佛教逐漸發展成為獨立於印度教之外的宗教，但是它有許多觀念與印度教相同，如業報輪迴、因果說等等。

佛教

對我們來說，談起佛教，大多數人都不覺得陌生，可能許多人知道佛教起源於印度，或許自己或身邊的親友就是佛教徒。佛教可說是台灣人最熟悉的一種宗教。

起源與創始者

關於佛教創始人釋迦牟尼（Śākyamuni）的生平與教導，並沒有太多史料記載，許多關於他的故事[13]都是佛陀之後的年代才寫成。我們只知道，釋迦牟尼本名希達多・喬達摩，約在西元前五六七年至四六〇年間[14]出生，原是古印度（一說是尼泊爾）迦毗羅衛城（Kapilavastu）附近一個名叫「釋迦」[15]的小國王子。在結婚生子之後，這位王子有了出離世間之心，同時也因想體會生命意義及庶民生活，於是在二十九歲出家，展開一連串的流浪與修道經歷。

若根據後來傳頌的佛陀故事來看，佛陀的生平頗富戲劇色彩[16]。在成為比丘後，佛陀遊走幾個國家，學習了幾種修行法門。最先是在毗耶離城（Vaiśālī）從一位婆羅門導師處學習數論，之後再在摩揭陀國（Magadha）的王舍城，向優陀羅羅摩子

重點Snapshot 佛教汲取印度教的精神來源而興起，最後逐漸發展成為獨立於印度教之外的宗教，但它有許多觀念與印度教相同，如業報輪迴、因果說等等。

（Udraka）學習瑜珈術，然後又到了伽耶（Gayā）附近做了六年的斷食苦行。在經過此一極端苦行後，他得到「釋迦牟尼」的尊稱。

當領悟到苦行斷食也無法解脫人生痛苦後，佛陀決定放棄苦修，但透過種種印度教修行法門的歷練，他對人生有了更深的領悟。最後他來到一棵菩提樹下靜坐七週，期間經歷各種幻相，並累積各種的覺悟，最後在菩提樹[17]下禪定並證悟，隨後開始教導世人，並對追隨的門徒說法，建立一些戒規，佛教因此創立。

作為一個宗教團體，佛教在剛形成的時期（西元前六世紀），以釋迦牟尼為師的比丘與比丘尼皆身著黃袍，並稱他為「佛陀」，意即覺悟者。佛陀花了很長一段時間在恆河（Ganges）北部傳授佛法，於西元前約四八七至三八〇年期間[18]逝世，享年八十歲。

☼傳法

佛陀的第一代弟子是曾與他一起苦行的五比丘。他在波羅奈為他們說四聖諦的法，而五比丘在皈依後成為阿羅漢（Arhat）。他請弟子們在印度四處說法，自己也持續弘法，因此陸續有更多人皈依成為佛教徒，甚至佛陀的父親與眷屬也都皈依，其中還包括後來成為他的主要侍者的堂弟阿難（Ānanda）。在佛陀過世之前，僧團一共有五百位初學比丘，同時擁有超過此數的眾多在家信眾。

✲分裂

前面提到，神才魅力的教主若在其團體尚未完成制度化之前就過世，那麼團體要不是面臨滅亡，要不就會面臨內部因爭奪教主權力而分裂的局面。佛陀在世時，雖然已經成立僧伽（僧團）並建立起一些教規，可說已朝神才領袖常規化方向發展。但佛陀過世的時候，佛教還沒有書面的經律，於是在他過世後到西元一世紀期間，僧團弟子在不同時期召開了四次的集結會議，試圖把佛陀口傳的教義（經）以及僧團的日常生活規律（律）進行集結。然而由於佛陀沒有為他的教義提供有系統的結構，對於教義裡的諸多問題沒有明確宣說，神才領袖的常規化尚未完成，僧團內部對於佛經內容又難以取得全面的共識，於是分裂成為幾個支派。

最後留存下來的有兩大支派：南傳佛教（Theravada Buddhism）與北傳佛教（Mahayana Buddhism）；前者又稱小乘佛教[19]，後者又稱大乘佛教。

南傳佛教主要是流傳到斯里蘭卡、緬甸、泰國與寮國等地，其教義側重佛陀的教

重點Snapshot 由於佛陀沒有為他的教義提供有系統的結構，也沒有明確宣說教義裡的諸多問題，神才領袖的常規化尚未完成，僧團內部對於佛經內容難以取得全面的共識，於是分裂成數個支派。

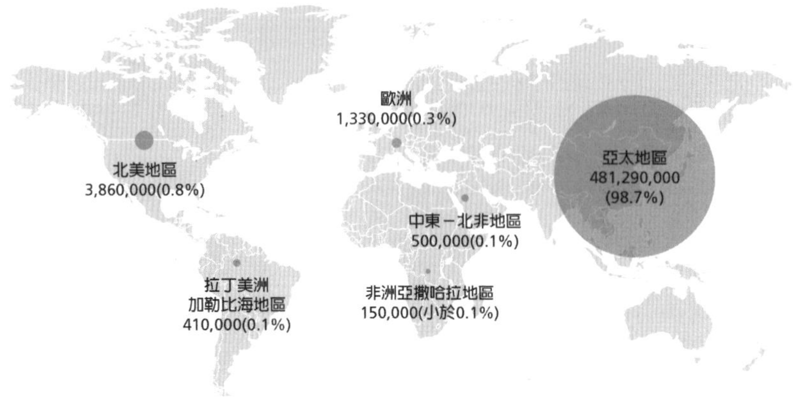

佛教人口世界分布圖

誨，包括四聖諦、八正道、十戒等。南傳佛教傾向於自我解放，出世修行，認為一個真正修行的佛教徒，必須要成為比丘或比丘尼。

而北傳佛教主要在日本、中國、台灣與韓國等地盛行，教義側重佛陀的身教，即行為，認為他體現了無限的慈悲，所以主張除了個人的修行及悟道之外，關注眾生也很重要。所謂的「菩薩道」，即是北傳佛教的一個重要思想。

今日全球約有四億八千八百多萬名佛教徒，約佔全球總人口數七%。主要的三大佛教派別為南傳佛教、北傳佛教以及藏傳佛教。大部分佛教徒分布在亞太地區，其中佛教徒人口最多的國家是中國，全世界五〇%的佛教徒都在這裡，其次為泰國的十三%和日本九%。

猶太教

猶太教是猶太人信奉的宗教。

提到猶太教，一般人可能會聯想到以色列，或是想到希特勒屠殺猶太人的血淚歷史。信奉猶太教的猶太人是一支苦難的民族，在猶太教的發展歷史中，曾於不同地區遭受過好幾次的屠殺事件。

在猶太教的發展歷史中，猶太人經歷了數次大規模擴張以及知識進展的時期，與此同時，也夾雜著受迫害與遭屠殺的慘劇。從地中海地區起源發展開始，到基督教十字軍東征時期，或在十三至十五世紀期之間，以及希特勒掌權的過程中，在地中海地區以及歐洲幾個地區，猶太人都有受迫害、被仇恨或甚至是大屠殺的故事與血淚紀錄。其中，在世界歷史上留下慘痛印記，並導致大批猶太人遷移至美國、在戰後建立以色現代國家的主因——希特勒大屠殺，其相關戰犯的審理與判決直到近年仍有所聽聞[20]。在這場浩劫中，約有六百萬的猶太人不幸遭受殺害，其中還有一百萬人是兒童。

我們可以把猶太教的歷史過程分為兩個階段，一個是希伯來宗教（Hebrew

重點Snapshot 猶太教的歷史過程分為兩個階段，一個是希伯來宗教時期，另一個是拉比猶太教時期。我們今日所講的猶太教，指拉比猶太教，是在耶路撒冷及聖殿毀滅之後幾世紀內發展出來，猶太民族在新政治環境中重組的結果。

Religion）時期，另一個是拉比猶太教（Judaism）[21]。希伯來宗教可說是猶太教的前身，是指《希伯來聖經》，也就是基督徒所稱的《舊約》裡描述的以色列人[22]所信奉的宗教。《舊約》大約是在西元前九世紀到西元一世紀年間完成，所以我們今日所講的猶太教，其實是指拉比猶太教。

拉比猶太教是在耶路撒冷及聖殿毀滅之後幾世紀內發展出來的宗教，是猶太民族在新政治環境中重組的結果。

希伯來宗教時期

希伯來宗教起源自西元前一二〇〇年左右，當時，巴勒斯坦的丘陵地區住著幾個不同血統的部族，其中多數是迦南人，講亞拉美語。在一連串迦南人與住在海岸地區的巴勒斯坦人之間的爭戰過程中，這些部族的人逐漸發展出國家整體感，最終形成了聯合王國。

一開始，他們承認彼此信奉的神祇，如巴力（Baal）或阿斯塔特（Astarte）的存在，不過大部分以色列人只供奉崇拜自己的神，這個情況稱為「單一主神教」（Henotheism）。但是情況逐漸變化，改變成為以創造天地萬物的神祇雅威

（Yahweh）為主，或以耶和華[23]為中心的「一神論」（Monotheism），並記載在一系列的神聖經文裡。

儘管當代學者無法證實這些故事以及耶和華所頒布的律法真實性，但按經文記載，希伯來宗教裡的早期人物，如亞當、諾亞、亞伯拉罕、以撒以及雅各等人，都是這個國家的創始人，也記載了族人在受埃及奴役時，靠著耶和華的力量而得救的故事。

當整個國家進入由單一君王統治的統一時期，他們也發展出對單一神的崇拜。根據《聖經》記載，國家版圖在掃羅和大衛王統治時期擴張到最大，但是在大衛王的兒子所羅門王死後就南北分裂，北方以以色列國（Israel）為主，南方以猶大國（Judah）為主。亞述人在西元前七二一年左右滅了以色列國，到了西元前五八七至五八六年前後，巴比倫人滅了猶大國，並摧毀所羅門王在耶路撒冷建造的第一聖殿[24]。

國家滅亡後，巴比倫人擄走猶大國的精英階級，帶到巴比倫，一般的以色列人民則遭受被流放的命運。《聖經》裡的一些相關敘事，就是由這些被擄的精英在巴比倫期間收錄編纂成為《托拉書》（Torah），又稱《五經》（Pentateuch）或《摩西五經》，即《舊約聖經》的前五書；而隨後的幾個世紀期間，其他書卷陸續完成，到了

重點Snapshot 拉比是猶太教中教授神聖律法的教師。其教義除了書面的律法之外，還有代代以口述方式流傳下來的「口傳托拉」，此為後來拉比猶太教的發展基礎。

西元一世紀，今日的《希伯來聖經》，也就是《舊約》完全成形。

西元前五三八年左右，居魯士二世（Cyrus）征服巴比倫，之後兩百年期間，以色列人成為波斯帝國的一分子。離散的人民當中有部分人回到了巴勒斯坦，並在這段期間重建聖殿，也發展出會堂（Synagogue）體系[25]，同時除了原有的祭司階級以及先知等重要角色之外，今日猶太教的神職人員體系「拉比」（Rabbis）[26]也在此時成形。

拉比是教授神聖律法的教師。猶太教除了書面的律法之外，還有代代以口述方式流傳下來的「口傳托拉」（Oral Torah），這個部分隨後成為後來拉比猶太教的發展基礎。

☼拉比猶太教時期

西元前六三年，以色列國土成為羅馬帝國的版圖。羅馬人將其改稱為猶大省（Judea），並稱當地住民為猶太人[27]。西元七〇年左右，在一次猶太教徒叛變後，羅馬摧毀了耶路撒冷以及聖殿，並且禁止重建。而在西元一三五年，經過另一次猶太教徒叛變之後，猶太人甚至被禁止進入耶路撒冷。這段期間，許多猶太人因政治或經濟

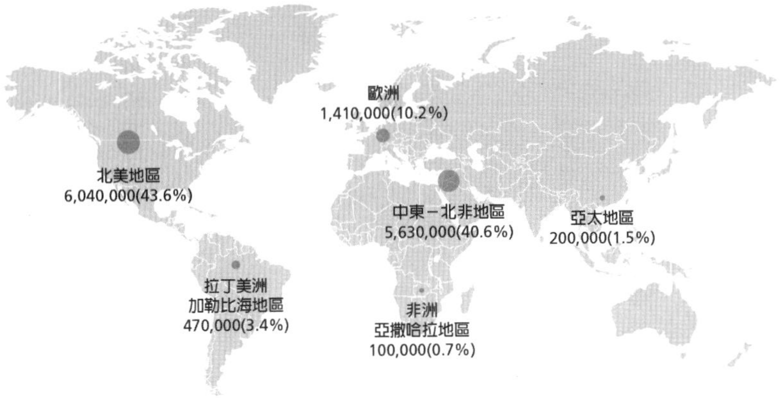

猶太教人口世界分布圖

因素離開原以色列的國土，向他國遷徙。由於這些人的宗教需求，會堂與拉比體系逐漸擴展開來，成為拉比猶太教的根基。

拉比猶太教的主要教義以《塔木德經》（Talmud）為基礎，「塔木德」意指教導或學習。《塔木德經》是由《密示拿》（Mishnah）和《革馬拉》（Gemara）兩本經典所構成。在《塔木德經》出現之後，托拉的概念就有了擴展，原本的內容只包括《希伯來聖經》前五書，現在又把《塔木德經》也含括進來。猶太人認為，對托拉的研讀是一種敬拜形式，也稱為托拉。時至今日，猶太人的宗教生活仍時常被稱為「做托拉」（doing Torah）。

拉比猶太教時期，主要敬拜儀式有了變

重點Snapshot 拉比猶太教的主要教義以《塔木德經》為基礎，是由《密示拿》和《革馬拉》兩部經所構成。

化，放棄希伯來宗教時期在聖殿中以動物、穀物與水果獻祭的主要儀式，取而代之的是會堂的活動。此外，許多以家庭為中心的節日與儀式也陸續發展出來。

目前全球大約有一千四百萬的猶太教人口，其中有四一%居住在以色列，另外的四一%則住在美國。換言之，超過五分之四以上的猶太教人口，主要分布在美國與以色列[28]兩地。

基督宗教

基督宗教是目前世界上最大的世界宗教，信徒人數約二・二億，分布在世界各地，主要集中於歐洲、拉丁美洲及加勒比海岸、非洲亞撒哈拉地區（Sub-Saharan Africa）以及北美。

☼起源與創始者

基督宗教是源自於猶太教，耶穌和他的十二個門徒都是猶太人。

基督宗教主要是以耶穌基督的生命、受難而死及復活為基礎，屬於一神教信仰。

基督徒相信《聖經》傳遞的是神的言語，但一般認為，它是受聖靈啟發寫成的作品。

耶穌基督的故事流傳相當廣泛，相信一般讀者並不陌生。儘管耶穌本人並未撰寫任何著作或自傳，但是根據學者推測，他可能是在西元前六至四年間，誕生於巴勒斯坦北方加利利一帶。耶穌可能上過猶太教會堂，學習了《希伯來聖經》與當時法利賽人（Pharisees）的律法知識。

他在生命中某一刻遇見了傳道者約翰，接受了他傳講的先知訊息，並接受約翰的洗禮。在當時的政治氣氛下，約翰的講道被當局視為具有政治顛覆力量，因此遭逮補並處死，反促使耶穌在約翰死後開始傳道。

耶穌具有前面我們所提到的創教者的神才魅力。他傳講地上天國的訊息，為眾人治病並行各種神蹟，吸引了越來越多的追隨者，跟著他一路來到耶路撒冷聖殿。在聖殿內外講道期間，他引起了羅馬當局的注意，最後被羅馬人逮補，以當時常見的十字架釘刑處死，時間約在西元三三年左右。

☼ 傳播

基督宗教最早的教會，是使徒們在耶穌遭受迫害天之後，陸續建立起來。而以耶穌為主的基督宗教，在創始時期屬於新的教派，這個團體之所以在當時出現，可說是

重點Snapshot 基督宗教最早的教會，是使徒們在耶穌遭受迫害之後，陸續建立起來。他所教導的使徒們四處傳講耶穌的訊息，並詮釋他的受難，認為他是彌賽亞，所以能夠從死裡復活。

對既有猶太教的不滿而產生的改革運動。耶穌的生命以及改革運動雖然短暫，但是他所教導的使徒們在他死後仍保持聯絡，並四處傳講耶穌的訊息，也就是基督徒所說的「福音」，並詮釋他的受難，認為他是彌賽亞，所以能夠從死裡復活。他的死亡是為以色列的罪所做出的偉大贖罪的犧牲，而死後復活則是在告訴信徒，每個人都可以得救。

於是，這些福音傳道者分別在加利利、耶路撒冷的猶太會堂內外開始傳講耶穌訊息，並逐漸將福音帶到外地的猶太人會堂，以及講希臘語的其他「外邦人」（即非猶太人）地區。這些外邦的追隨者被稱為基督徒。

把耶穌訊息傳到非猶太人地區，並在當地建立基督會所的眾多追隨者中，貢獻最大的人是保羅。他在小亞細亞及希臘等地都有傳教及建立教會的成果，並因為不贊同猶太教當時的各種禮儀規範，而發展出一套符合非猶太人需求的教義。

西元六八年，羅馬人將猶太人全部逐出耶路撒冷，並摧毀聖殿，原來的猶大省就改名為耶路撒冷，猶太教被迫往異鄉發展，在羅馬帝國境內的影響力變弱，而基督教會也於此期間開始在非猶太人教會裡發展起來。然而，作為羅馬帝國內的新興教派，基督教會經常成為當局的迫害目標，大批基督徒受到迫害，不是遭到監禁就是被殺害。但是儘管如此，基督教會的數量與分布，在西元第一世紀到第三世紀之間，仍有蓬勃發展，從地中海盆地到西班牙及北非地區，幾乎羅馬帝國的主要城市裡都有基督徒的聚集地。

羅馬人對基督徒的迫害，一直要到西元三一三年，當時還是羅馬將軍的君士坦丁簽署了「米蘭詔書」後才正式終止。西元三二四年，君士坦丁一世即位成為羅馬皇帝，允許基督宗教合法化，並為解決當時在各基督教會之間的教義紛歧，於西元三二四年召集境內所有主教，舉行第一次尼西亞會議（First Council of Nicea），會議的成果是《尼西亞信經》[29]的出現，以及基督教教義中「三位一體」概念的成形。

君士坦丁對基督宗教的種種推廣及保護做法，讓基督教會在他統治羅馬的期間，得以朝政教合一的方向發展，但此時羅馬帝國內仍處於多神教的局面。西元三八二年，基督宗教進一步發展成為羅馬帝國的國教。又過了幾年，到了西元三八七年，基督宗教的宗教聖典《聖經》篇章內容也確立。

基督宗教在羅馬帝國發展期間，幾個大城市的教會總主教們與羅馬教宗之間，陸續發展出緊張的關係，基本上糾紛的焦點，主要是權力的問題以及對於尼西亞會議上所做出的決議，確定耶穌與耶和華同體的神學觀念有所歧異。後來西羅馬帝國滅亡，

重點Snapshot 一直要到君士坦丁簽署了「米蘭詔書」後，對基督徒的迫害才正式終止。君士坦丁一世即位成為羅馬皇帝後，允許基督宗教合法化。

基督教會轉向世界各地傳教，在歐、亞、北非等地都有所發展，但同時，伊斯蘭教在西元五世紀末興起，並在西元六世紀快速發展，迅速取代了先前以基督教為主的地區，如西班牙及北非等地。隨後幾個世紀期間，兩個宗教各自發展，但是伊斯蘭教的擴張，可說逐漸對基督宗教的國家產生威脅。

西元一〇九五年起，持續兩百年之久的「十字軍東征」展開。其中除了有歐洲社會以及中東地區的政治、社會等因素使然外，基督宗教與伊斯蘭教為爭奪耶路撒冷聖地，以及雙方都因信奉一神所以彼此「不容異端」的宗教思想，也是主因。

☼分裂

然而值得一提的是，西元十二世紀起，隨著歐洲的都市文化興起與各種藝術和科學的發展，基督宗教的教會也出現了外觀亮麗醒目的哥德式大教堂（Gothic Cathedral）建築形式。大教堂是主教的座堂，由其管理。而我們現代的高等教育機構——大學（University），最早正是從歐洲的大教堂中產生出來的，可見宗教與教育在歷史上也曾有密不可分的關係。

基督宗教在羅馬帝國滅亡後，又經過了幾個世紀的發展，後來分裂成為西方的天

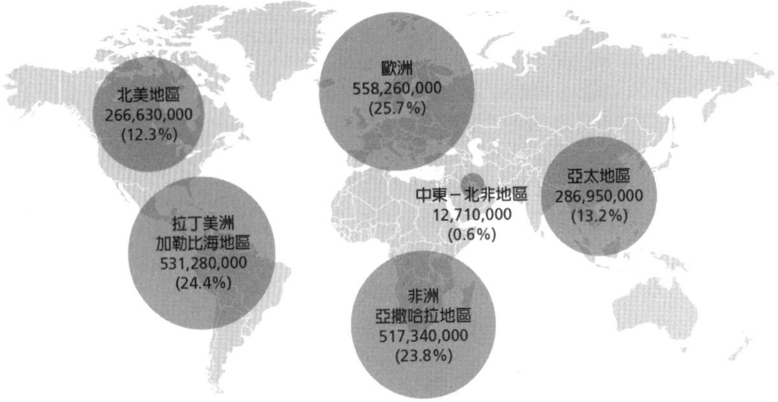

基督教人口世界分布圖

主教，以及東方的東正教。兩派分裂主因是就教宗對於教會的權限以及管轄範圍有意見上的分歧。而十六世紀馬丁．路德在天主教會倡導宗教改革，又造成英格蘭通過「最高治權法案」（Act of Supremacy），讓當時的亨利八世自立成為英格蘭教會的領袖，創立英國國教（Anglican Church），正式脫離羅馬天主教會。此後數年間，歐洲各地不斷有教會進行宗教改革，這些改革後的教會，我們統稱為「基督新教」。

今日基督宗教主要有三大類：一是羅馬天主教會為主的天主教，一是基督新教（其中又有各種大大小小的教派和宗派），一是東正教（主要是希臘東正教會及俄羅斯東正教會）。其中，有一半的基督宗教人口是天

重點Snapshot

基督宗教後來分裂成為天主教及東正教，兩派就教宗對於教會的權限以及管轄範圍有意見上的分歧。而十六世紀馬丁．路德在天主教會倡導宗教改革，亨利八世創立英國國教。這些改革後的教會，統稱為「基督新教」。

主教徒，而基督新教人口有三七％，東正教人口有一二％，其餘一％的信徒，屬於自認為基督教徒但不屬於前述三類基督宗教者，如基督教科學會、摩門教或耶和華見證人等。

伊斯蘭教

伊斯蘭教在現代世界是一個遭受到污名化的宗教，主要是因為近年世界各地幾個大型恐怖主義攻擊事件的恐怖分子都以伊斯蘭教徒（穆斯林）自居，認為他們是以阿拉真主的名義在進行「聖戰」。但事實上，恐怖分子並不等同於穆斯林，他們只是持有極端政治思想的一小群人，無法代表廣大同樣愛好和平、奉行規律祈禱、齋戒與布施等宗教生活的伊斯蘭教徒。這一節我們就透過伊斯蘭教的發展簡史，來了解這個被許多人誤會的宗教。

☼ 起源與創始者

在伊斯蘭教創始之前，阿拉伯地區散居著不同部落民族，周圍則是幾個擁有廣大基督徒人口的帝國。當時的阿拉伯人信奉多神教，也相信超自然力量，並認為神靈就住在沙漠中。而今日伊斯蘭教聖地麥加（Mecca）的居民，當時崇拜多神，其中包括稱為「阿拉」（真主之意）的至高神，以及人稱「阿拉之女」（Daughters of Allah）的三位女神。

伊斯蘭教創始人穆罕默德（Muhammad），西元前五七〇年左右出生於麥加，是當時一個強大部落可拉許（Quraish）的族人。由於他童年時代父母雙亡，先後受到祖父及叔叔的照顧扶養，並且在耳濡目染下，從他們那裡學習到宗教的生活。穆罕默德二十歲之後，受雇於一位富有的寡婦哈蒂嘉（Khadija），負責監督她的駱駝商隊，一起旅行到敘利亞，並在二十五歲時與當時四十歲的哈蒂嘉結婚。

此時穆罕默德在生活中越來越喜歡進行宗教的默想。他與哈尼夫（Hanifs）[30]人士結交，時常為了禱告與靜坐，到山上待個數天。在這段期間，他開始遭遇了一連串不尋常的體驗。有一天晚上在睡夢中，天使加百列出現在他眼前，宣告穆罕默德是神的信使。隨後在他餘生裡，加百列給他多次天啟，傳達許多訊息，這些啟示都以讚美詩的方式呈現。穆罕默德的追隨者記住了這些詩文，並書寫下來，而阿拉伯語文世界的人認為這些詩句美麗無比。穆罕默德死後，這些詩文被收錄成為《可蘭經》（Quran），就是伊斯蘭教的聖典。

重點Snapshot 有一天穆罕默德在睡夢中，天使加百列出現宣告他是神的信使，隨後給予多次天啟和訊息，這些啟示都以讚美詩的方式呈現。穆罕默德死後，詩文被收錄成為《可蘭經》，成為伊斯蘭教的聖典。

☼傳播

穆罕默德在大約西元六一二年左右以先知身分開始他的傳教活動，但他的宗教在家鄉麥加並不受歡迎，因為當地商人的交易主要倚賴傳統宗教，只有少數人願意追隨他宣揚的「新宗教」。西元六二二年，離麥加約三百英哩距離的北方城市麥地那（Medina），一群主導人士在一次密會中，邀請他遷移到該地，擔任他們的宗教領袖[31]，並扮演族群關係的仲裁者。穆罕默德及追隨者隨即遷移到麥地那，並且建造住屋及信徒祈禱聚會的地方，這次遷移也視為伊斯蘭教的正式創立年，也就是伊斯蘭年曆的開始。後來，穆罕默德逐漸成為麥地那的唯一統治者，並把這個城市轉變成為伊斯蘭教的神權社會。

在麥地那期間，穆罕默德完成了伊斯蘭教的制度化，包括信徒的組織方式、儀式及相關宗教活動的規則，如公開祈禱的形式與次數、將星期五設為每週祈禱日、齋戒方式、濟貧的方式、朝聖、信念宣讀，以及清真寺作為祈禱會所。穆罕默德雖然也努力想讓當地的一些猶太人改信伊斯蘭教，但是沒有成功。

西元六二四年，在一次天啟之後，他宣布穆斯林今後在祈禱時，要改成面朝麥加的方向（原是朝向耶路撒冷）。此外，他也表示，具有神聖象徵的「黑石」[32]是由亞伯拉罕和兒子以斯馬爾（Ishmael）所豎立。這個訊息建立了伊斯蘭教的神學與聖地基礎，脫離了猶太教和基督教。

西元六三〇年，穆罕默德帶著一支強大的軍隊，回到家鄉麥加，成功地降服當地的人。他以麥地那的模式，把麥加也變為一個伊斯蘭城市，廢除了當地的多神信仰，並以一側嵌有著名黑石的克巴（Ka'ba）神殿為伊斯蘭教的主要聖壇。

分裂

兩年之後，西元六三二年，穆罕默德過世。穆罕默德生前並沒有指定繼承人，也沒有設立繼承的規則，即宗教的制度化尚未全面完成；按照先前所說，神才魅力的創始教主過世後，宗教本身將會面臨存續的危機。而在伊斯蘭教的後續發展中，儘管有先後共四位繼承人「哈里發」（Caliph）[33]接任，宗教勢力也在這四任繼承人的任內，共約二十七年的管理時間裡，向阿拉伯世界外成功擴張至北非及中亞地區，但是教團內部對掌權問題的派別衝突也持續醞釀，並分裂成三個派別，分別是：遵守傳統教義並支持在位哈里發的遜尼派（Sunni）[34]、忠實於穆罕默德堂兄弟阿里的什葉派

重點Snapshot 穆斯林相信，亞伯拉罕和以斯馬爾在建造麥加時發現一塊黑石，並讓它成為重要基石，後來成為伊斯蘭教的重要聖物。

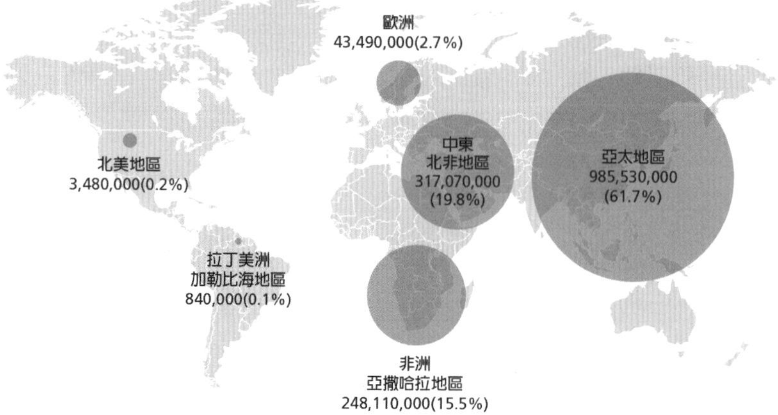

穆斯林人口世界分布圖

（Shiite），以及分裂派[35]。

第四位哈里發過世後，由穆阿維亞（Muawiya）及其家族奪得權力，於西元六六一年左右，建立第一個伊斯蘭教王朝伍麥葉（Umayyads），統治了近百年時間。由於其成功地四處擴張、征服，因此版圖也從地中海、西班牙，到印度河流域的巴基斯坦。其後接任的阿巴斯王朝（Abbasid）以巴格達為首都，在長達五百多年的統治期間，伊斯蘭教持續維持興盛的發展，這個時期所建立的許多宗教神學、律法、哲學和文學等的討論，至今仍持續影響著傳統伊斯蘭教徒的思想與行為。阿巴斯王朝期間也經歷了基督教十字軍爭奪耶路撒冷的戰爭，而這個王朝雖然在西元一二五八年遭蒙古人入侵滅亡，但伊斯蘭教依然在世界各地持續發展。

今日全世界約有一・六億人口是伊斯蘭教徒，其中有六成的人口集中在亞太地區，中東與北非地區則佔有將近五分之一的信徒（一九・八％），非洲亞撒哈拉地區則有約一成五左右（一五・五％）的信徒數。穆斯林人數最多的前三個國家分別為印尼（超過兩億）、印度（超過一億七千六百萬人）和巴基斯坦（超過一億六千七百多萬人）。

台灣的宗教發展[36]

現在，讓我們回到台灣社會，來回顧一下我們的宗教發展簡史。

台灣是一個歷經漢人開墾移民、受日本殖民，再到政黨政治的國家。從早期併入清朝版圖到受日本統治殖民時期，又經戰後國民黨統治，政黨輪替後由民進黨執政，再到國民黨贏回選舉取得執政權等種種過程，政治上複雜多變，但是宗教方面基本上還是一個以漢人信仰為主的社會，所以作為漢人主要宗教的民間信仰，在過去兩、三百年間被持續保留了下來。

重點Snapshot 透過歷史與年代的畫分，可以簡略把台灣宗教的發展分四個階段：漢人開墾階段、日據時代、戰後至戒嚴期間和解嚴之後。早期漢人的信仰，主要是祖先崇拜及民間信仰。

台灣宗教的發展階段

台灣社會保留了中國宗教傳統，如儒、釋、道以及民間宗教，但在歷經不同的歷史階段過程，它們逐步發展出屬於自己的特色。透過歷史與年代的畫分，我們可以簡略把台灣宗教的發展分四個階段：漢人開墾階段、日據時代、戰後至戒嚴期間，以及解嚴之後。

歷史上，台灣是在十七世紀末、十八世紀初併入清朝版圖。早期移民渡海來台，在墾殖初期，移民主要來自漳、泉兩州，以及福建、廣東兩省。早期漢人的信仰，主要是祖先崇拜及民間信仰。

民間信仰散播在中國的傳統社會生活中，之所以被看成是儒釋道的混合體，主要因為在一般民眾的常識裡，對各宗教傳統的畫分並不清楚。此外，以敬天祭祖為中心的中國宗教，一開始就在台灣文化中扮演一個重要的角色。

一八九五至一九四五年期間，因為戰爭割讓的緣故，台灣進入了所謂的日治時代。此時，日本殖民政府把神道教引入台灣。

在宗教政策上，一開始日本政府並沒有強迫台灣人民信奉神道教，但是到了日治晚期，約在一九三七年到一九四五年期間，因推廣皇民化運動，實施「寺廟整理」[37]政策。當時，漢人宗教受到抑制，一些廟宇及神像遭受破壞。然而，由於日本政府的抑道揚佛政策，反而使得佛教在日治時期有機會快速成長。

到了一九四五年，八年抗戰勝利，台灣又重回「祖國」懷抱。但四年後國民黨撤退台灣，最後一批移民大約一百五十萬人也陸續跟著遷徙至此地。雖然當時政府允許人民有宗教自由，然而它們主要以傳統價值觀以及儒家思想為重要美德，因此，來自於宗法性傳統宗教的價值觀，如忠君、愛國等思想，由於受到官方的提倡而得以延續。而台灣社會的傳統習俗、民間信仰儀式等，由於是地方性的產物，被視為落後，代表迷信，因此受到抵制。

此外，原先在中國大陸傳布的各種佛教改革勢力以及新傳統主義雖然也進入台灣，但因為當時政府允許佛教團體成立，卻嚴厲禁止某些宗教，因此這段時期仍有利於佛教在台發展。與日治時代相比，在一九五〇年至一九六〇年期間，傳統寺廟的數量大幅增長。

一九八七年，台灣解除戒嚴，這也是台灣宗教變遷、社會快速發展的主要原因之一。在一九八九年「人民團體法」公告實施後，除了解嚴前已被政府承認的十一個

重點Snapshot

日治晚期日本殖民政府把神道教引入台灣，然而，由於日本政府的抑道揚佛政策，反而使得佛教在日治時期有機會快速成長。

宗教[38]之外，其他許許多多的宗教團體於此時期陸續成立或復興，並登記成為人民團體。自此以後，各種宗教在台灣社會持續發展，許多團體更是推進國際社會。最明顯的例子是當代佛教團體興盛，尤其是幾個佛教組織如佛光山、慈濟功德會、法鼓山以及中台禪寺等快速成長。

雖然不同團體有其特殊的歷史背景和發展過程，但台灣社會一度達到高峰的經濟奇蹟，特別有助於佛教的興盛，而經濟起飛所帶動的工業化與都市化現象，也有利於佛教不受地域限制，可在城鄉之間傳播開展。

台灣宗教的發展特色

在前面星期一的章節中，我們介紹宗教分類時，曾提到制度宗教與普化宗教的分類。雖然目前台灣社會中民間信仰的人口比例最高，但是若從宗教變遷的趨勢來看，台灣人的宗教生活中，制度宗教的影響力正在逐漸增加。民間信仰雖然在台灣文化中扮演重要角色，其部分的象徵及教義也被本土的一些新興宗教保留下來，可是成長率卻隨著人民教育程度的提高及台灣現代化而有下降的趨勢。換言之，台灣社會的發展似乎有利於制度宗教的擴張。

此外，解嚴之後，台灣的宗教變遷趨勢除了朝向制度宗教發展，包括新時代運動在內的宗教市場中，各種本土或外來的新興宗教發展[39]也非常興盛。新興宗教在台灣的發展或許可以稱之為「宗教信仰的個體化」[40]，意指當事人「較為專注於個人救贖與自身主觀的內在體驗」[41]。這是隨著社會結構的變遷而顯現出來的現象。

當宗教脫離了傳統宗教的特徵，即既有的地域範圍與社區意識之後，轉而變成較為強調志願參與及個人的選擇。制度宗教如佛教以及民間獨立教派的出現，是基於個人選擇，以及補充傳統華人社會中主流的宗法性傳統宗教的不足，因此，並沒有如西方宗教私人化過程中所產生的衝突與抗拒現象。換言之，儘管表面上台灣社會所出現的宗教信仰的個體化似乎類似於西方的私人化，實際上卻是一種不受政治干預的個人的選擇。這樣的一種宗教性，是長久嵌附於包括台灣在內的漢人社會文化中。佛教與道教順利地調整自身以適應社會結構的變遷，它們的宗教類型在現代社會中依然完整無損。

台灣社會的宗教發展現象，除了制度宗教有越來越重要的趨勢之外，宗教多元化也是一個不可忽略的現象。當我們把台灣與世界情況相比，來看其宗教多元化的程度時，會驚訝地發現台灣社會對不同宗教的包容與接納程度很高。根據普由研究中心對

重點Snapshot 台灣社會的發展似乎有利於制度宗教的擴張。當我們把台灣與世界情況相比，會發現台灣社會對不同宗教的包容與接納程度很高。

全世界兩百三十二個國家的宗教多元化程度的比較研究中，我們發現，宗教多元化程度非常高的國家，多居於亞太地區，而其中新加坡居第一名（九分），其次就是台灣（八．二分）[42]。

而台灣的宗教市場此種多元性格，也提供近年在西方世界廣泛發展的所謂新興靈性現象（如新時代運動、整體健康運動、現代瑜珈等）一個可供發展的空間。新興靈性對台灣既有宗教場域是否有所影響，以及會有什麼影響，我們將在後續星期五的單元中加以說明。

3分鐘 重點回顧

❶ 制度宗教的發展過程大致上都是從一位具有神才魅力的人物開始，由於他行神蹟或宣講、傳播神或神聖的訊息，追隨者相信，他有一般凡人無法企及的人格特質，或是能夠行使一般人無法擁有的能力，比如超能力或特殊力量，因此把他視為神聖源頭或是模範並奉為領袖。

❷ 創教主的組織能力若很強，可能會在其領導期間內建立起整個宗教團體的制度。否則，宗教團體的制度化過程可能會歷經時代與不同教主承續而形成的各種類型。

❸ 宗教發展過程中有兩種制度化模式，一個是教派到教會的模式，一個是崇拜教團到新興宗教的模式。

❹ 一個新的宗教出現，往往是因為社會中既有的傳統宗教與主流宗教無法滿足社會某些人的需求。因此宗教在剛開始的時候，往往不是教派形式就是崇拜教團形式。神才魅力的教主如果是來自某個傳統宗教的神職人員或信徒，宣揚的思想也是來自該傳統宗教，那麼他所創立的團體就是教派。教主如果沒有特別明顯的宗教傳承脈絡，並提出一個好像自創或是擷取自不同宗教體系的思想大雜燴，那麼他創立的團體就是崇拜教團。

❺ 教派有制度化與適應的傾向，所以在神才領袖常規化並發展出區域組織結構

後，進入建制教派階段；此後若進一步發展，建立起全國性規模的科層制組織結構，就成為宗派；倘若整個大社會及其他宗教或非信徒都承認該宗派是一個合法的宗教，就可能成為教會。

❻ 崇拜教團如能成功地推動神才領袖常規化並發展出區域組織結構，則成為永久教團；此後若進一步發展並建立起全國規模的科層制組織，則成為集中式教團。若整個大社會及其他宗教或非信徒都承認其為合法的宗教，那麼就可能成為一個新興宗教。

❼ 印度教是一種普化宗教，與印度的文化混融在一起發展，沒有一個確切的創教主。印度教是多神信仰，歷經幾個發展階段：哈拉帕文明時期、吠陀時期、奧義書時期、後奧義書時期和傳統印度教。今日全球大約有一億的印度教徒，約佔世界一五％的人口數，其中約九四％的印度教徒都集中在印度。

❽ 佛教起源於印度，是釋迦牟尼（佛陀）所創立。佛陀過世時，神才領袖的常規化尚未完成，僧團內部對於佛經內容的詮釋難以取得一致共識，導致分裂，最後留存下來的是南傳佛教與北傳佛教兩個支派。今日全世界約有四億八千八百萬佛教徒，約佔全球總人口數的七％。大部分的佛教徒分布在亞太地區，其中，中國境內擁有全世界五〇％的佛教徒。

❾ 猶太教是猶太人信奉的宗教，是以雅威（耶和華，上帝）為中心的一神信仰。猶太教的歷史過程可分為希伯來宗教與拉比猶太教兩個時期。猶太教的發展歷史中，經歷過幾次大規模的屠殺事件與流亡。目前全世界約有一千四百萬的猶太教人口，其中有四一%居住在以色列，另外的四一%則住在美國。

❿ 基督宗教主要是以耶穌基督的生命、受難而死，以及復活為基礎的一神信仰。也是目前世界上最大的世界性宗教，信徒人數約二．二億，分布在世界各地。基督宗教有三大派別：羅馬天主教會為主的天主教、基督新教，以及東正教。

⓫ 伊斯蘭教是以信奉真主阿拉為主的一神信仰，由穆罕默德所創立。伊斯蘭教在發展過程中分裂成為三個派別：遜尼派、什葉派，分裂派。伊斯蘭教徒稱為穆斯林，目前全世界有一．六億人口是伊斯蘭教徒，其中有六成信徒集中在亞太地區。穆斯林最多的國家是印尼。

⓬ 台灣社會的宗教發展可分為漢人開墾、日據時代、戰後至戒嚴期間，以及解嚴之後四個階段。台灣社會保留了中國宗教傳統，如儒、釋、道以及民間宗教，但在歷經不同的歷史階段過程中，它也逐步發展出屬於自己的特色。目前台灣宗教有朝制度化方向發展的趨勢，並兼具宗教多元化現象。

附註：

1. 這裡使用的宗教一詞主要是指已經組織化、制度化的宗教。所以此處所談的宗教形成過程，是指一個具有宗教性（Religiosity）的團體的制度化過程（成為組織宗教）。
2. 二〇〇九年圓寂。
3. 「從果東法師開始，法鼓山的方丈是經由僧團大會以民主的方式選出，每三年一任，得連任兩屆，其責任是傳承法鼓山的法脈法統，提供淨化人心、淨化社會的服務。聖嚴法師給方丈的定位是，權力來自僧團大會的執行者，必須防腐敗、防墮落，如果做不好，隨時都可以下台。聖嚴：『防腐敗、防墮落，如果發生做出壞事，理念及形象與我們不一致的話，馬上就可以叫他下台。』」（二〇〇九年二月三日，中廣新聞網，張德厚報導）
4. 本圖是綜合整理Nelson（1968）、Bainbridge and Stark（1979）以及Roberts（2012）等學者的相關理論之後所繪的簡圖。
5. 這裡的「理想」一詞是指純粹或抽象之意，而不是完美的意思。
6. Yinger 1970; 引自Roberts and Yamane 2012: 171。
7. Markham 1996; Burke 1996。
8. 一般認為主要有六個哲學思想流派，包括正理派（Nyaya）、數論派（Samkhya）、勝論派（Vaisheshika）、瑜珈派（Yoga）、彌曼差派（Mimamsa）、吠檀多派（Vedantic），但六派都尊吠陀為權威（Markham 1996: 56-57）。
9. 濕婆神在今日許多印度人的宗教生活中是一個很重要的神。
10. 哈拉帕文明結束的原因不明，有一說是因為亞利安人入侵，也有說法推測是因為長期乾旱的結果（Burke 1996: 16）。
11. 雖然本書簡介各宗教，無法探討某一宗教的歷史考據真偽，但是亞利安文化是不是屬於印度河流域文明的一部分，或是一個入侵印度的外來文化，現代已有學者研究《吠陀經》原文內容以及從印度本土歷史角度來重新反省「亞利安人入侵（印度）的理論」。有興趣進一步了解的讀者可以參考Frawley（1991）。

12. Rose（1978）。
13. 關於佛陀的詳細生平故事與出家修道並證悟的歷史故事，可以參考水野弘元的著作（1992）。
14. 從不同宗教研究或佛教學者的作品中發現，學界對於佛陀的出生年及死亡年似乎沒有共識。因此筆者在此處提出的「期間」，是根據相關資料整理而得。
15. 佛陀出生時，印度並不是處於統一局面，而是區分為十六個不同部族的國家。釋迦國不在這十六國裡，而是地處喜馬拉亞山麓的小國。
16. 佛陀從王子到成佛的詳細故事與傳說，可參考埃里亞德（2002）以及水野元弘（1992）。
17. 菩提（Bodhi; asvattha）原意是指覺或道。
18. Rose（1978）。
19. 有學者指出，小乘佛教一詞在西方學者論述中較少使用，是由於考慮到這個名稱隱含貶抑（Burke 1996: 61）。
20. 最近的一個案例：二〇一五年一月二十二日，加拿大聯邦法院決議，除去納粹戰犯 Helmut Oberlander 的加拿大公民資格，維持二〇一二年加拿大政府對他的除籍判決。
21. 相關細節論述請參考 Burke（1996）。
22. 指希伯來人。希伯來人是猶太人祖先，是入侵美索不達米亞的閃族後裔。在與上帝建立聖約之後，他們就以一位曾與耶和華會通的部落領袖雅各．以色列（Jacob Israel）的名字為名，改稱為以色列人。
23. 中文「耶和華」取自英 Jehovah 譯名。
24. 第一聖殿建立之後成為猶太教的敬拜中心，殿內有放置聖約的「約櫃」，並且是舉行主要宗教儀式的場所。
25. 會堂體系是以色列人在西元前五三八年左右，居魯士二世征服巴比倫之後的兩百年間所發展出來的宗教體系。
26. 當時是以法利賽人一派為主，重視潔淨個人生活方式的相關律法，反對另一派撒都該人

（Sadducees）強調延續聖殿禮儀。

27. 本文之後一律將以色列人改稱為猶太人。

28. 相關明確數據及細節請見 Pew Research Center 2012: 42-44。

29. 今日英格蘭教會、羅馬天主教會，以及東正教會仍然使用《尼西亞信經》。

30. 當時信仰一神論的詩人，或有靈視能力者。

31. 默西亞．埃里亞德在他的宗教理念史中對此有詳盡說明，有興趣的讀者可參考中譯本《世界宗教理念史（卷三）》（商周出版）的相關章節。

32. 黑石的由來與考據至今傳說紛紜。不過穆斯林相信，人類祖先亞伯拉罕和兒子以斯馬爾在尋找石材要建造麥加的時候，發現了一塊黑色石頭。他們知道黑石的價值，所以在建造麥加時，就讓這塊石頭成為其中的一塊重要基石。而當穆罕默德宣布黑石的重要地位後至今，它已成為伊斯蘭教的聖物。在聖城麥加中央矗立著一座稱為克巴（Ka'ba）的神殿，它是一個沒有屋頂的露天四方形建築物，神殿的東側就鑲嵌著這塊傳說中的黑石。黑石直徑約三十公分，位置離地面約一點五公尺。穆斯林到麥加朝聖時，其中一個重要的儀式就是繞行克巴，並且在經過黑石時，停下來親吻它。

33. 穆罕默德之後，在伊斯蘭社會的宗教暨政治領袖統稱為哈里發。首任哈里發為阿布．巴克（Abu Bakr）。

34. 遜尼派也是多數穆斯林所屬的派別。

35. 認為「只有整個伊斯蘭團體才有權利選擇首領，並在他犯下嚴重錯誤的時候，將他罷免。」（埃里亞德[卷三]2002: 98）

36. 這一節主要是從筆者專書（2008）以及一篇期刊文章（2006）的內容修改而成。

37. 寺廟整理是日治晚期的皇民化運動中一個比較激烈的手段，目標在消滅台灣人民主要的宗教信仰。關於日本政府治台時期的宗教政策以及寺廟整理細節，請參考陳玲蓉（1992）。

38. 佛教、道教、伊斯蘭教、天主教、基督教、軒轅教、理教、天理教、大同教、天帝教、一貫道。

39. 目前台灣至少有三百二十三個受政府認可的宗教團體（瞿海源 2002）。

40. 台灣新興宗教發展現象不同於西方在現代化過程中宗教的私人化（Privatization），因為台灣社會的公私領域從未真正分開過。

41. 丁仁傑（2007）。

42. 該研究的多元化程度以一到十來看，「非常高」是七分以上，「高」是介於五．三到六．九，「中等」程度是三．一到五．二，「低」則是〇到三之間。

Day 03 Wednesday

星期三

觀念與結構

-Idea and Structure-

真正的好宗教，在教義與道德上、在儀式與制度上，是為人服務的，讓人發展他們的個性、意義感與尊嚴感，並過一種有意義而豐碩的生活。

——孔漢斯（Hans Küng）

宗教為什麼能影響人——宗教的世界觀與組織結構

為什麼宗教會讓人改變？為什麼人在面臨重大的生命事件時，往往轉向宗教，尋求宗教的解釋與慰藉？我們時常看到，當身邊親友加入某個宗教，成為該團體成員一段時間之後，在思想、言語及行為上往往發生不同的轉變。宗教團體與一般社會團體的不同之處在於，它能夠在觀念層面影響信徒，而且這種影響是全面性的。因為每個宗教的教義及哲學體系都隱含了一套對世界的看法，包括自身在宇宙中的位置、生命的意義和超自然的解釋等，能夠提供追隨者一套完整的天地人觀。

但是，觀念本身不會說話，需要靠人去詮釋。宗教團體在詮釋與傳播觀念、運作與發展上，都需要一套制度化的組織結構為基礎。在星期三的單元中，我們就來看看宗教觀念中到底有哪些主要內涵，了解宗教的基本結構是什麼，以及針對宗教實例進行探討。

宗教的世界觀

世界觀是一個人對世界以及對生命的整體看法，是一套全面的意義體系[1]。而宗教提供給信徒的世界觀，則是指一套有關本質、自我生命、社會與萬物秩序，以及神與超自然界的知識架構，它通常隱含在教義及哲學思想中。宗教的世界觀也與一個團體的精神氣質（ethos）密切相關。

因為世界觀牽涉當事人一連串的思索過程，如對生命的想法、萬物存在的秩序等概念，而精神氣質則是關乎對生命的態度。人在生命意義感的建立上，態度和概念是必要的基礎，所以一個整合良好的宗教體系，其世界觀（邏輯思考面）和精神氣質（情緒面）會互相強化。

重點Snapshot 每個宗教的教義及哲學體系都隱含了一套對世界的看法，包括自身在宇宙中的位置、生命的意義和超自然的解釋，提供追隨者一套完整的天地人觀。

在生命的意義上，宗教的世界觀必須要能為信徒解決三個問題，包括：

一、為重大生命事件提供解釋，讓信徒得以建立或維持理性與凝聚感；

二、為苦難提供意義，讓當事人得以承受；

三、提供善惡的道德觀，讓信徒相信邪不能勝正，各種善行、美德以及正義的思想與行為終將瀰漫人間社會。

世界觀與精神氣質的養成，是一種思考和選擇的過程，信徒在過程中得以肯定自己生命的意義，並相信各

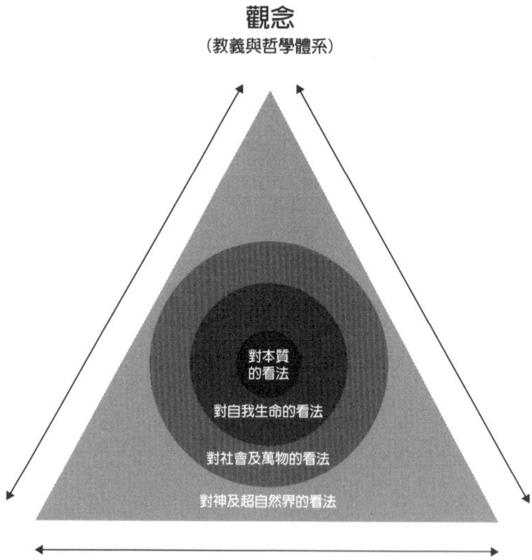

宗教的世界觀

種苦難是能夠承受的，正義不是妄想、善心將會有所善報。我們可以從生命的意義、死亡的意義、救贖的問題等幾個層面，來看宗教如何提供信徒對人生意義的解釋。

生命的意義

先前提到，人生中有三個關於生命意義的問題，宗教的世界觀必須要能為信徒提供解答。首先，宗教要能幫助信徒，在面臨重大生命事件時，得以建立或維持凝聚感與合理性，不會崩潰；其次，宗教要能為苦難提供意義，讓當事人得以面對並承受苦難；最後，宗教必須提供一套善惡的道德觀，讓信徒覺得邪不能勝正，人間社會終將充滿各種善行、美德以及正義。

宗教的世界觀要為信徒解決的第一個生命意義的問題，就是當人遇上負面的重大生命事件時，能夠適時提供當事人建立一種凝聚感與合理性。這些重大的生命事件可能包括：自己或親人罹患絕症或意外導致身體殘疾，離婚、中年失業、至親好友的死亡等等打擊。

接下來，我們就以佛教、基督教和自我宗教為例，來看宗教如何解釋生命的意義。

重點Snapshot 宗教的世界觀必須要能為信徒解決三個問題，包括：為重大生命事件提供解釋；為苦難提供意義；提供善惡的道德觀。

☼佛教解釋生命的意義

佛教徒遭遇種種生命重大事件時，通常會從「生命本身就是苦境」的教義角度來思考。

佛教有所謂的「無我」（Anatta）說，認為「我」是不存在的，人是由色、受、想、行、識五蘊所構成，而且這五蘊是一種不斷生成的過程，它創造出一切存在的幻相。因為生命和人生都是苦境，所以生死循環的輪迴就等於承受無止盡的苦。因此，佛教教義中，四聖諦（苦、集、滅、道）就在教人如何脫離苦境的方法；它告訴信徒，人生在本質上就是「苦」（苦諦），而這種苦是源自於人有各種無止盡的欲望，這些欲望之所以產生，是因為人的「無明」（集諦），但是有一條路可以讓人脫離這種苦境（滅諦），而這個解脫之道就是修習正見、正思惟、正語、正業、正命、正精進、正念、正定的「八正道」。

所以，一個虔信的佛教徒，會努力不執著於物質（正見），認為這個世界是一連串無盡變化與互相影響的過程。人要行善，並且在思想與行為上不傷害他人與生命（正思惟、正語、正業），也不以會造成傷害的方式來謀生（正命），同時積極努力行善與修道（正精進）。

佛教在修道上提供信徒透過修觀與禪定兩種方法，保持正念與正定。而修道的最終目標在於達到涅槃（Nirvana）境界，就是要中止各種起心動念，脫離輪迴之苦。

☼ 基督教解釋生命的意義

基督教徒在遇上生命重大事件時，可能認為這是對信仰的試探，並相信神會帶領他們走過生命的各種歷練。尤其是在為苦難提供意義的問題上，基督宗教有特別的著墨，如約伯的受試煉[2]、耶穌被迫害釘十字架的故事，以及《聖經》裡諸多經文等，都是在教導信徒，要對神有信心，要相信神有祂的理由。

關於苦難，近代還有一個著名的例子，就是英國基督宗教神學家、作家與牛津大學教授路益師（C. S. Lewis）的故事[3]。

路益師作為神學家，常在苦難的議題上為信仰辯護。他認為苦難是生命的一部分，「努力排除在自然秩序以及在自由意志的存在中可能包含的苦難，你就會發現你把生命本身也排除了。[4]」作為一個虔誠的基督徒，路益師深信苦難是上帝喬裝的祝福。儘管他後來在面對喪妻之痛時，有一段期間，內心反覆與神爭辯，要探索痛苦與

重點Snapshot 佛教徒遭遇生命重大事件時，通常會從生命本身就是苦境的教義角度來思考。基督教徒在遇上生命重大事件時，可能認為這是對信仰的試探，並相信神會帶領他們走過生命的各種歷練。

死亡的意義，甚至對神產生埋怨以及對信仰感到質疑，但是最終他還是從基督宗教信仰中得到了安慰。他曾寫道：

我倆從未把對方理想化，總盡量不向對方隱瞞什麼。我身上大部分腐朽的地方，妳早就知道。如果妳現在又看到更糟糕的，我會坦然接受。妳亦然。責備、解釋、揶揄、赦免，這正是愛的奇蹟之一。……在某種程度上，像神一樣知心、明察。神的愛和祂的洞察人心是密不可分的，與神的自己也本為一體。我們幾乎可以說，祂之所以能洞察人心是因祂的愛，所以，即使看透了，也還能愛[5]。

我們從文字中可以看出，路益師在回憶愛妻生前的種種以及兩人生活的點滴時，不但將榮耀、讚美都歸給創造她的神，並且認為亡妻對他無條件的愛，就像神對人無條件的愛一樣。路益師透過肯定神對人的愛，等於也為自己在面臨喪妻的重大生命事件上找到了合理性。路益師的例子代表了基督宗教信徒對於生命苦難意義的看法。

自我宗教解釋生命的意義

當代世界有一股潮流，即所謂的自我宗教[6]現象。信奉自我宗教的人，在生命的看法上與佛教徒和基督教徒有很大的差異。

奉行自我宗教者，通常認為實相是自己創造的，自己就是自我各種際遇的創造者。他們普遍認為「你創造你自己的實相」，人要「把力量拿回來給自己。你不是受害者，你是命運的創造者，你創造了自己的生命」[7]。在自我宗教者眼中，這一世的生命是自己（前世）擬好的腳本，包括要學習哪些生命課題、有什麼遭遇、會與哪些人相遇，甚至患有哪些疾病等等。

死亡的意義

生命的一個奧妙之處就是，人從出生開始，每一天都在向終點（死亡）邁進。這不是悲觀的論調，而是所有生命都無法逃避的事實。因為死亡是大部分文化的禁忌，所以日常生活中不能談、不能想。尤其在華人文化中，多數人都認為，生活的世界要與死亡的世界有所區隔，表現最明顯的莫過於要求住宅區要和墓園、殯儀館保持一段地理位置的區隔[8]。

但既然「死亡」是人們日常生活中一個不能碰觸卻重要的生命議題，宗教就適時提供人們對於相關問題的解答。這些問題常在人面對自己即將來臨的死亡或接觸到親友的死亡時，從不能談、不能想的禁忌清單中鮮明的跳出來，再三且迫切的要當事人

重點Snapshot 奉行自我宗教者，通常認為實相是自己創造的，自己就是自我各種際遇的創造者。這一世的生命是自己擬好的腳本，包括要學習哪些生命課題、有什麼遭遇、會與哪些人相遇。

面對與思考：死亡究竟是什麼？有沒有死後的世界？死後的世界是什麼樣子？天堂與地獄存不存在？審視各宗教，我們發現，幾乎每一個宗教對於死亡、死後世界、天堂與地獄和靈魂問題等都有一套解釋。

佛教認為肉體只是讓人修行的一個軀殼，所以有出生就有死亡。佛教雖然延續了印度教對於重生（Rebirth）的信仰觀，但不停留在人死後靈魂與肉體分離，並進入另一個肉體而重生的看法。佛教相信生命是苦，人死之後會一再經由重生過程而回到人世，但也提出一套修行方法，教人如何解脫這種重生過程。

佛教把「業識不滅」的觀念融入生命觀中，認為人死之後，當事人的業（欲望與執著）會啟動一輪新的欲望與執著，進入一個新的自我幻相裡（轉世）。這種生死循環稱為輪迴（Samsara）。所以，佛教提供信徒一套修行方法，最終以達到開悟境界（涅槃），脫離輪迴的幻相為目標。

基督宗教認為神同時創造了人的屬世（身體）與屬靈（靈魂）兩個面向。人的肉體是屬世的，死後就化為塵土。死亡可能讓基督徒體會到「存在的虛無」，從一開始的悲傷、憤怒到信心的動搖，再到質疑與重新思索自己對神的信仰，是一個過程；一個虔誠的基督徒在這個思索過程中，會更堅定對上帝的信仰。

前面提到的路益師，其悼念愛妻的文集《卿卿如晤》（*A Grief Observed*）一書，即記錄了他身為基督徒，因至親死亡帶來的心裡衝擊所產生一連串對宗教信仰的質疑、思索，以及重新肯定神的過程。而某位女性基督徒因經歷丈夫的早逝開始一連串的思索，最後她重新肯定自己生命的意義以及所屬信仰的合理性，「我終於領悟到，我明不明白他為什麼在那個時候離開人世並不重要，神一定有祂的原因，這一點才是最重要的。」[9]這兩個例子中的當事人都相信，在人生事件背後有一種秩序的運作，比知道那個秩序是什麼還重要。

而當生者接受逝者已離開人間的事實，並從其宗教信仰中找到面對死亡現象的力量之後，可能會進一步思考一個問題：人死了之後到哪裡去？有沒有死後世界？天堂與地獄存不存在？

印度教相信靈魂的重生與輪迴，死亡是一個自然過程。人死後，消逝的只是肉體，而靈魂會有一段時間在另一個世界旅行，但是除了完全開悟的人之外，大部分人的靈魂最後仍會重生回到人間，繼續下一趟輪迴。而微妙體（subtle body）[10]則儲存著人累積的業力，它決定了人死後要再重生時，會進入到什麼樣的肉體與環境，以及會有什麼樣的行為表現。

重點Snapshot 佛教認為肉體只是讓人修行的軀殼，相信生命是苦，人死之後會一再經由重生過程回到人世，並提供信徒一套修行方法，期望最終達到開悟境界，脫離輪迴的幻相。

在佛教看來，由於人是根據其業識在六道裡進行因果輪迴，而天堂與地獄是在這六道之內，所以人死後，其下一世的情況是根據這一世的業報而決定。當一個佛教徒臨終時，同是佛教徒的親友會為其「助唸」。他們相信，除了當事人的業報之外，助唸能幫助當事人在進入下一個輪迴之前，處於一種安寧詳和的狀態。

猶太教、基督宗教與伊斯蘭教這三大一神教，大致上對於死後的世界都抱持著相同的看法，認為人死後要接受神的審判，以決定是受到獎賞或懲罰。受獎賞者上天堂，受懲罰者下地獄。

基督宗教有許多種教派與宗派，雖然各宗派在教義內涵上沒有「完全一致」的共識，但大多數基督徒相信有天堂的存在，人死之後會在天堂和神以及其他基督徒相聚，脫離生前的所有苦難與罪，重新得到自由。大部分的基督徒都相信耶穌為世人的罪而死在十字架上，所以他們才得到救贖。《聖經》裡多處提到天堂與地獄，也提到不信耶穌、不追隨他的人最後會下地獄，而那些得到救贖的信徒將會上天堂。若從現有的社會調查來看，以基督宗教為主流的美國社會，有多少人相信死後世界呢？根據二〇一〇年一項社會調查結果顯示，有七〇．五％的美國人相信死後世界的存在[11]。

伊斯蘭教認為這一世的生命是為了來世做準備，所以死亡只是從這一世到下一世的移動。穆斯林死後，遺體會受到清洗，並用乾淨的白布包裹起來，其他穆斯林們則聚集在一起為死者禱告。禱告一完成，就立即埋葬死者。死者親人經常會代表死者行善、齋戒、禱告、或朝聖。穆斯林相信，每個人生前都有兩位天使在記錄他們的善惡作為，供最後審判時神裁決的依據。

猶太教認為，生命的重要性勝過任何一切。《塔木德經》中提到，因為所有人類都是來自同一個祖先，所以取走一個人的生命就等於奪走了全世界，而救一個人的生命則有如救了全世界。猶太教認為，死亡是一個自然的過程而不是悲劇，即使當事人是英年早逝或是因意外而往生，也不例外。猶太教認為，死亡就和生命一樣具有意義，都是屬於神的計畫與安排，死後世界也掌握在神的手中。

救贖的問題

救贖也是多數宗教關心的主題。人並非神，有種種的人性缺點與塵世的欲念，於是宗教提供信徒一個救贖的希望。至於人要如何得到救贖？救贖的內涵是什麼？救贖的意義為何？不同宗教有不同解釋。

佛教與印度教相信，人要得到救贖，必須靠自己的作為與修行，包括做對的事、

重點Snapshot 佛教與印度教相信，人要得到救贖，必須靠自己的作為與修行，透過自己內在的力量，走在信仰的宗教道路上。南傳佛教認為救贖在於靠自我的解脫；北傳佛教則認為救贖在於行世間的菩薩道，

持對的想法，透過自己內在的力量，走在信仰的宗教道路上。由於佛教在發展過程中分裂為南傳與北傳兩大派別，對於如何得到救贖（即悟道）也有不同的方式。南傳佛教認為，救贖在於靠自我的解脫，由於身心就像是一場夢或幻相，本質是空（Shunya），而解脫之道就是要悟出這個空性；北傳佛教則認為救贖在於行世間的菩薩道，在自我解脫輪迴之前，要先幫助他人悟道。

基督教認為人有原罪，耶穌為世人的罪而死在十字架上，為他們贖罪。而人要得到救贖，無法靠自己的力量或任何作為，而是透過信心的生活並且順服神。信心是指完全信任神的許諾。

和佛教與印度教不同，基督教不講求輪迴與業報，認為我們在塵世的生命只有一次，接著就將接受神的審判[12]。人死後，要不是永遠與神同在，就是與神隔絕，處於完全的孤立狀態。如果人堅持要背叛神，對神冷漠或是渴望獨立，神不會強迫他進天堂。因此，在基督教立場，地獄是人選擇要獨立於神之外並拒絕神的好意的結果[13]。基督教認為，永生並不是靈魂或個人特質的消滅，而是死後獲得一種永遠與神同在的完美狀態。

伊斯蘭教認為所有人都是罪人[14]，每一位穆斯林在生活中必須實踐「五大基柱」

或「五善功」（five pillars）以得到救贖，包括：

一、相信阿拉是唯一真主，穆罕默德是其信使；

二、每天行使五次拜功；

三、齋戒月禁食；

四、布施濟貧；

五、如果可能，一生至少到麥加朝聖一次。

透過遵循這樣的宗教戒律，穆斯林希望自己的善行可以因此超越原罪，在接受審判的日子能得到阿拉的恩寵。《可蘭經》中提到，阿拉有最後審判的絕對權力，祂可以送人上天堂或下地獄。凡是在世時違逆教規的穆斯林會入地獄——根據《可蘭經》描述，那是一處身體遭受極端痛苦的地方[15]。

上述各宗教對於生命、死亡、救贖等觀念，儘管大部分都有其書面的教義為依據，但是文字本身不會說話，仍需要人的詮釋，因此宗教體系及鑲嵌在宗教結構中的神職人員，就扮演很重要的詮釋與傳達的角色。

重點Snapshot　基督教認為在塵世的生命只有一次，死後將接受神的審判。人死後，要不是永遠與神同在，否則就是與神隔絕。伊斯蘭教認為所有人都是罪人，穆斯林在生活中必須實踐「五大基柱」或「五善功」以得到救贖。

宗教的組織結構

宗教除了有觀念的一面之外，詮釋觀念以及舉行儀式的宗教機制也很重要。現代社會的宗教具有「制度專門化」（institutional specialization）的特色，例如：把教義當中的世界觀加以標準化、建立神職人員體系、統一教義和儀式、傳播教義、推廣宗教活動等，這一切都要靠宗教的結構即組織體系的運作。每一個具有制度專門化特色的宗教，基本上都會把該宗教的教義、價值觀、儀式或活動融合，成為彼此調和並且相關的一個結構，其內容包括：教義（觀念體系）、倫理標準、儀式和活動以及制度化的組織。

正式的宗教組織一定會有一套前後連貫與統一的教義，如前文所提到的宗教的世界觀。這些教義會由宗教專家或神職人員負責詮釋或說明意義，而且通常是經過組織的正式核可之後才進行傳播。至於教義的複雜程度以及正式規定的教義有多重要？不同宗教有不同情況。羅馬天主教會雖有一套巨大而繁複的教義體系，其中有些信條是信徒一定要相信並遵從的，例如：天主創造天地和人類；尊奉天主是聖父聖子聖神三位一體，也敬童貞聖母；聖子道成肉身，為人類救贖而受難、復活、升天；有末日審判；人有原罪，但教會有赦罪的權柄，受洗成為教徒後可以赦罪，犯錯後向神父告解也可以得到赦罪等等。而猶太教雖沒有信條，但是強調透過研讀經典以明白宗教的真理，並且對於共享的意義體系也有相當清楚的界定，例如：只有一個真神、要遵循神的律法（十誡）、要愛人如愛己等等。

宗教組織也有一套與其教義一致的行為規範與規則，或者說是倫理標準。這些倫理明確指示，作為某個宗教信徒，必須要有什麼樣的行為，包括鼓勵信徒致力於某種「理想的」行為表現。我們或許都曾聽過這類說法：「身為基督徒要活出基督的精神。」或是台灣當代佛教界推廣的「說好話，做好事，存好心」[16]，這些都是宗教為所屬信徒描繪出的「何謂理想信徒」的行為表現。

宗教組織也會設計一套可以表達出觀念體系而且有「標準化程序」的相關儀式與活動，例如：禮拜、禱告會、法會、誦經等，讓信徒可以學習與遵循。我們將在星期四的單元，介紹儀式在宗教中的意義與功能。

最後，正式宗教組織是以制度化的體系持續運作與發展，這種制度化的宗教組織是一種「科層制」的結構。

重點Snapshot 正式的宗教組織一定會有一套前後連貫與統一的教義，由宗教專家或神職人員負責詮釋或說明意義，經過組織的正式核可之後才能進行傳播。

宗教的科層制

古典社會學家韋伯最早提出科層制（Bureaucracy）的理想類型，認為科層制是一套以理性為基礎，並且以有效率的組織為目標而設計的最佳行政管理體系。這種體系在現代社會通常有幾個特徵：

一、高度專業化的職務分配與分工；

二、清楚界定的權威層級結構；

三、一套管理組織運作的正式規則；

四、以書面文件為基礎的行政；

五、公事公辦；

六、組織人力的招募以能力與技能知識為基礎；

七、雇用期限與升遷以工作年資和表現為基礎。

制度化的宗教組織在運作上就如一般社會組織一樣，依賴科層制的結構設計。儘管這種科層制的理論主要適用於一般營利型的企業組織，但宗教的發展一旦制度化且持續擴大規模時，也需要協調良好的複雜分工的結構，科層制便成為一種不可免的發

主要世界宗教(宗派)		神職人員名稱	補充說明
印度教		1. 婆羅門 2.普迦利（Pujali）	1. 傳統印度教的祭司階級，除主持宗教儀式外，也是講授主要印度教經典《吠陀經》的教師。 2. 印度教廟宇中主持普迦（Puja）祭祀儀式的神職人員，通常來自婆羅門階級。
佛教		僧伽	出家眾（僧侶）的正式統稱。台灣社會一般稱佛教僧侶為法師，又分為比丘（男法師）與比丘尼（女法師）。
基督宗教	基督新教	1.牧師（Pastor or Minister） 2.傳道人（Preacher）	1. 教會的領導、傳授教義、提供宗教指引以及主持各種教會儀式者。 2. 牧師一定是傳道人，但傳道人不一定具備牧師資格。通常傳道人是在所屬教會任命下，擔任協助教牧的角色。
基督宗教	天主教 東正教	主教、神父、執事	神職階層複雜，此處只列出主要擔任聖職的神職人員。主教（團）為主要權威，神父與執事扮演助手的角色。
猶太教		1.拉比 2.贊禮員（Cantor）或哈贊（Chazzan） 3.司募（Gabbai）	1. 解說猶太教聖經及律法經典的教師及會堂領導。 2. 主持會堂的宗教儀式及音樂崇拜。 3.管理會堂者。
伊斯蘭教	遜尼派	1.伊瑪目（Imam）或穆拉（Mullah） 2.伍拉瑪（Ulama）	1. 在清真寺內引領穆斯林進行祈禱儀式的人。阿拉伯地區稱其為伊瑪目，東南亞地區稱之為穆拉。 2. 精通伊斯蘭教律法與神學的專家。
伊斯蘭教	什葉派	阿耶托拉（Ayatollah）	地位崇高的教士，精通伊斯蘭教律法、哲學與神學的專家。

主要世界宗教的神職人員稱謂一覽表[17]

重點Snapshot 宗教的發展一旦制度化且持續擴大規模時，科層制便成為一種不可免的發展趨勢，但是宗教組織屬於非營利型組織，其科層制重點與企業組織有所不同。

展趨勢。只是宗教組織屬於非營利型組織，其科層制重點與企業組織有所不同。

宗教組織科層制的目的，並非利用這個制度來極大化效率與營收，它的目的是讓不同神職位階的權力分工能夠運作順暢、訊息可以廣泛傳布，能有效處理信徒的召募、組織與管理，以及會眾活動及儀式的組織、管理與協調等。

在宗教的科層制中，也有一般社會科層制組織中常見的角色（role）專門化以及地位（status）差別的設計。在宗教體系中，角色專門化主要包括專業的神職人員體系以及負責組織相關運作的輔佐人員，如宗教師、行政管理員、祕書、活動召集人、公關人員等等。而在宗教的科層制結構中，最重要的角色——神職人員——在不同宗教裡有不同的稱謂，例如：神父、牧師、拉比、法師等。

此外，宗教組織也會有一套如一般社會組織使用的「會員制度」，作為畫分信徒與非信徒的入會制度與管理方式。

宗教結構的功能

現代社會中，制度性宗教以科層制的結構為基礎來運作與發展。這個結構通常能發揮包括吸收新信徒、社會化信徒、滿足信徒的需求，以及維護群體的認同感（目的感）等在內的諸多功能。

吸收新信徒

首先，在吸收新信徒方面，制度性宗教會有一套招募新信徒的方式，即傳教方式與策略，讓整個宗教能夠維持一定的規模或是擴大其宗教的發展。宗教在結構面的傳教策略，可能會藉著舉辦一些大型公開的宗教活動或文化性質活動，藉由信徒的人際網路，廣招民眾參加，例如基督教的佈道大會、佛教的祈福法會等。參加者可能在活動過程中對該宗教產生興趣，進而成為潛在信徒。

宗教的傳教策略也可能採取一對一的人際社會互動方式，如基督教徒在日常生活中對親朋好友傳福音，或是在台灣街頭巷尾常見的摩門教傳教方式：兩位騎著腳踏車的摩門教士與路人親切互動，在互動過程中宣講摩門教的福音並贈送路人摩門經或簡介手冊等。一些印度靈修團體如國際奎師那意識協會（ISKCON）也採取街頭贈送宗教經典如《薄伽梵歌》的傳教方式。而佛教徒在傳教上則有「攝受」與「折服」兩種方式[18]，前者是指擁抱與接受，是使用溫和的說理方式，引導被傳教的對象逐漸接受佛法，後者是指去破折與屈服。日本新興宗教創價學會，由於自詡傳承自日蓮的佛

重點Snapshot 制度性宗教招募新信徒的方式，即結構面的傳教策略，會藉著舉辦一些大型公開的宗教或文化性質活動，廣招民眾參加，參加者在活動過程中對該宗教產生興趣，進而成為潛在信徒。

教，因此在早期發展期間即採用這個方式，即嚴厲且清楚的指出他人的錯誤觀念，目的在使對方能因此信仰佛法。

☼ 產生認同感

其次，宗教團體要讓信徒產生認同感，就必須有一套「社會化」（Socialization）的方式來教育信徒，讓他們認識教義並熟悉團體的規範與實踐。社會化是指一個社會的成員，內化該社會的規範與價值，整合成為自己價值觀的一個學習過程。所以，宗教社會化是指成為某個宗教信徒的過程，它涉及學習並內化該宗教體系的內容，包括其教義、組織規範與價值等。而宗教的各種儀式、崇拜活動與聚會，則扮演輔助的功能，強化信徒的信念。

宗教社會化信徒通常以正式與非正式兩種方式進行。正式的方式是指宗教進行的教育功能，例如：基督宗教在教會內部舉辦的各種聖經研習課程或包括講道、主日學校等相關活動，或是一群追隨者聚集在某個印度教導師（Guru）周圍，聽其訓示，或是佛教徒聽師父開示、講經、說法等；非正式的方式是指信徒彼此在團體互動的過程中，增強對該宗教的認識與認同，而不同宗教都有類似基督宗教「團契」概念的組織，是增進教徒與慕道的人共同追求信仰或彼此互相分享、幫助的次團體。

☼滿足信徒認知與情感的需求

宗教組織也必須要能夠滿足信徒的需求，這個需求包括認知與情感兩個層面。

在認知層面上，宗教能夠透過前述社會化的正式方式，即教育功能，來滿足信徒對於該宗教各個層面的認識，尤其是對教義的理解和學習。此外，宗教組織也要能夠滿足信徒在情感層面的需求，不同信徒可能有不同種類的情感需求，包括尋求永恆的救贖、尋求心裡的安慰與安全感、尋求友誼與認同，或是尋求幫助他人的方法等等。

如果一個信徒無法從其所屬的宗教得到認知或情感層面的滿足，就會產生疏離感，甚至可能因此脫離該宗教，加入其他的宗教或類宗教團體。最早在歐美地區出現的「靈性非宗教」（Spiritual but not Religious）現象，某個意義上，就是由於許多基督宗教信徒無法從其所屬教會得到情感層面的滿足而離開教會，轉往其他當代靈修團體，如各種新時代活動的結果。在星期五的章節中，我們將深入了解什麼是「靈性非宗教」的現象。

重點Snapshot 在認知層面上，宗教透過社會化的方式，以教育功能來滿足信徒對於該宗教各個層面的認識，此外，也要滿足信徒在情感層面的需求。如果信徒無法從宗教得到認知或情感的滿足，就會產生疏離感，甚至可能脫離該宗教。

☼滿足信徒的歸屬感

宗教組織還要能夠提供成員一種「目的感」，這一點涉及宗教的歸屬感。

每個制度化宗教一定有某種讓信徒能夠發展出信任感與向心力的機制，讓信徒能產生出一種情感，認為自己是該宗教的一員，並且願意為了協助該宗教的發展，投入正式或非正式的傳教，以吸引更多新的成員加入。如此一來，該宗教才能繼續生存發展下去。例如在台灣，各種災難現場最常見到的是身著深藍色上衣、白色長褲的「慈濟人」。他們為什麼一定要穿著制服來行動呢？這是一種信徒認同宗教的表現方式。虔誠的慈濟信徒，會覺得身為慈濟人是很光榮的事，而參與以慈濟為名號召的各種救災或慈善活動，則更強化了信徒身為慈濟人的一種使命感與目的感。

宗教結構的挑戰

任何事物都有一體兩面，宗教的結構也不例外。當宗教開始往制度化方向發展時，組織一定會在分工與功能上逐漸複雜化，所以階層化的科層制是無法避免的組織設計。但是，當一個宗教組織享受科層制所帶來的體系運作效率時，也可能得承受伴隨而來的「非預期結果」（unexpected consequences）。這主要有三個方面的挑戰：

✲信徒動機的變化

宗教在剛形成及發展初期，追隨創教者的初代信徒多屬於自發性的志願跟隨，而且主要是因為受到教主的神才魅力感召或是認同其所宣揚的宗教理念，所以信徒的動機多與整個宗教群體的目標一致，信徒也願意為宗教的發展做出最大的奉獻甚至犧牲；例如耶穌死後，他的初代弟子，也就是他的門徒的傳教與護教行動便是一例。

換言之，宗教在發展初期，信徒的皈依與入信動機，是單純受宗教及教主的啟示或預言所吸引。

但是，當宗教往制度化發展成熟之後，宗教組織變成一個龐大且複雜的分工體系，組織內個人利益與團體目標可能產生衝突，信徒入信的動機可能也不如初期來得單純，如此一來會影響信徒對該宗教的虔信度。

宗教組織為了讓信徒的動機與宗教的目標一致，可能會透過各種社會參與方式如興辦學校、社區醫院、以及其他各種慈善事業等，讓信徒在社會參與過程中，維持對該宗教的虔信度。宗教組織利用擴大社會參與的方式以提高對社會的影響力，另一方

重點Snapshot 宗教在發展初期，信徒皈依與入信動機，單純受宗教及教主的啟示或預言所吸引。但是，當宗教往制度化發展成熟後，個人利益與團體目標產生衝突，信徒入信的動機也不如初期單純，影響信徒對該宗教的虔信度。

面也持續吸引民眾的皈依，在某方面等於是作為創教主神才魅力的替代品。但是民眾在這種情況下的皈依動機是什麼？是把參與宗教團體活動當成是參與某種社團社交活動呢？還是受到宗教的感動而成為信徒？這是宗教在制度化發展之後所要面對處理的問題。

☼形式主義的僵化結果

宗教在制度化發展過程中，需要有一套相關的共同崇拜，以凝聚信徒的向心力，所以會形成相關的象徵體系及儀式，讓信徒集體的情感有所投射與依附，例如基督教會的週日禮拜、佛教的禮佛或共修會等等。

為了讓信徒的主觀經驗能有客觀的共同表達，宗教會為這些崇拜儀式設定一套遵循的模式與程序規範，如此一來，信徒可以按照形式加以「仿效」。但是原來作為激發信徒集體情感，連結人與神之間關係的象徵與崇拜，在連續不斷重複的過程中，也可能變成一種「行禮如儀」的僵化結果；一開始作為讓信徒體現終極意義的行動，在制度化結構的「非人性」設計下，可能反而導致信徒對宗教情感的減弱甚至消失。宗教的形式主義也時常受到一些個人主義靈修者的批評。

✲ 教義教規和時代趨勢脫節

宗教制度化之後，能否隨著時代的變遷，在制度內進行教義與教規的調整，以符合時代的需求，也是宗教會面臨的挑戰。例如：在二十一世紀的今日，我們見到有些基督教派已重新審視如墮胎、同志婚姻等具有倫理爭議的問題，並逐漸進行教會內部在教義與教規上的調整與改革。

但是羅馬天主教會的狀況則不同，例如教宗方濟各（Pop Francis）在上任後，各界都看好他對於同志及離婚議題上所持的開放態度，並預期天主教會在教義上將能有重大改革。然而在二〇一四年十月初，為期兩週的羅馬天主教全球主教代表會議中，由於主教代表之間對於接納同志以及離婚後再婚領聖禮等爭議，仍未能達成共識，在多數代表仍持反對態度下，相關的意見被刪除，最後發表的總結報告內容，仍維持傳統天主教的一貫立場。這顯示天主教會建立已久的龐大複雜科層制體系與規範，是無法透過單獨一人的想法與力量而有所改變。

重點Snapshot 宗教制度化之後，能否隨著時代的變遷，在制度內進行教義與教規的調整，以符合時代需求，也是每個宗教都會面臨的挑戰。

一個制度性宗教特例：以「慈濟功德會」為例[19]

在台灣社會，一些規模較大的佛教團體如佛光山、慈濟功德會、法鼓山、中台禪寺等，都是以前述的宗教科層制結構為基礎，持續發展運作。其中一個比較特別的例子是慈濟功德會，因為它雖然已經發展成為一個龐大的理性化科層制結構，但證嚴法師的神才魅力，並沒有出現傳統的常規化現象，信徒與證嚴之間的個人情感連結，在整個組織科層化之後仍然存在。

在台灣社會，「慈濟」是一個家喻戶曉的佛教團體，對一般台灣民眾而言，提到慈濟，通常就會想起，一些身著深藍色上衣、雪白色長褲的慈濟人，在各種災難現場來回穿梭，為災民遞送物資或是煮食的景象。

證嚴在一九六六年創立慈濟功德會，這個以慈善志業為主的草根性宗教團體，到了一九九〇年代，已成為台灣最大的正式組織。在短短的五十年間，慈濟從一個地方的宗教團體發展成為跨國宗教，在全球三十三個國家設有分支機構，擁有六百萬信徒。慈濟體系在二〇〇〇年時掌控約莫新台幣一二〇億元的專款。目前在台灣，除了基金會之外，另擁有三所綜合醫院、一間電視台及一所綜合大學。

領袖、追隨者、社群的三身機制

慈濟之所以能夠成功的在短時間內發展成為台灣佛教界的一個龐大宗教組織體系，主要在於成功運用「三身」[20]機制——作為「領袖之身」的證嚴、「追隨者之身」的信徒，和以情緒連帶為基礎所建立的社群，即「集體之身」——讓證嚴的神才魅力得以貫穿慈濟在地方、國家及全球三個層次的運作，影響並維繫著慈濟人的認同以及慈濟組織體系的海內外發展。

作為「領袖之身」的證嚴，具有高度的神才魅力，她溫柔但堅定的外表、瘦弱的身體、說法時蘊含情感的語調，以及其慈悲的胸懷與實踐信念，讓許多人在直接或間接見過證嚴後，往往受到感召，而決心追隨，並積極投入慈濟的各種活動。

證嚴的神才魅力也展現在她對組織的影響力上。儘管慈濟在形式上似乎是科層組織，但是實際運作時，證嚴本人的指導及作為最後的決策者，才是組織的運作核心。證嚴不只是精神領袖，也是這個組織體系的最後決策制定者。

而慈濟也是一種神才魅力型的組織，亦即它減少科層的規則，讓神才魅力的領導關係可以被理性化成為一個巨型的組織及科層體系。證嚴神才魅力的權威在慈濟組織

重點Snapshot 慈濟之所以能夠成功的在短時間內發展成為一個龐大宗教組織體系，主要在於成功運用「三身」機制：作為「領袖之身」的證嚴、「追隨者之身」的信徒，和以情緒連帶為基礎所建立的社群，即「集體之身」。

體系內有兩種運行方式：一方面是神才魅力從中心流向各分支機構，另一方面則是信徒從海內外各個分支機構往神才魅力中心的聚集。證嚴每個月定期從花蓮本部走訪台灣本島內慈濟各分會，這種「上人行腳」的活動，維繫著信徒與證嚴之間的連結；此外，信徒也會走訪他們視為家的花蓮總部（靜思堂），或是參與中心的相關集體活動，其中尤其是透過集體儀式如手語歌表演，慈濟信徒得以凝聚出屬於他們共同的認同及集體情感，即「集體之身」。

慈濟的地方及海外組織

慈濟發展地方組織時，除了如制度性宗教強調的形式及運作上有明確領導關係及分工之外，還特別依賴婦女的傳教技巧與動員能力。慈濟也強調信徒作為慈濟人表現出來的禮儀，除了制服的規範之外，對女性的儀節規範，更加強情緒管控，而男性的儀節則主要針對身體規訓。慈濟信徒的這種「追隨者之身」，主要透過幾種方式體現：在恰當情境中，恰當呈現慈濟人的身分，並藉由身體規訓、情緒管控以及道德層面來改變自己。

慈濟的海外發展從一九九〇年左右展開。它在一九八九年於美國成立第一個海外分部後，陸續在其他國家發展。到了二〇〇〇年，已經發展成為大型的全球非政府組織，在海外擁有以華人為主要成員的分支機構。這些分部主要成員是旅外台灣人，其次是旅外中國人，但是其慈善活動並不只限海外華人為對象。

這些分部的創辦人在成為慈濟人之前，都是虔信佛教徒。而分部機構的組成，多源於當地婦女回應證嚴神才魅力的感召，以及對社會服務的重視，所以成立。慈濟的海外分支機構與證嚴及台灣花蓮的總部之間，也透過海外慈濟人回台參與各種「朝聖」之旅，如尋根或年度活動等方式，形成慈濟從台灣出發，進而擴展全球的網路關係。

作為一個制度性宗教，慈濟讓我們看到，神才魅力的超凡情緒感染力，與理性的制度結構之間，不一定是衝突的關係，反之，在現代社會的宗教領域中，神才魅力與理性制度之間，有可能以一種巧妙結合的方式並存。慈濟的結構雖然表面上仍符合前文所提到的宗教結構特徵，但是其神才魅力的影響，仍持續貫穿在整個體系之間，成為以神才魅力主導科層組織的特例。

在星期三這個單元裡，我們看到宗教觀念（教義思想）如何提供一套包括生命意

重點Snapshot 作為一個制度性宗教，慈濟讓我們看到，神才魅力的超凡情緒感染力，與理性的制度結構之間，不一定是衝突的關係，反之，有可能以一種巧妙結合的方式並存。

義在內的世界觀，為信徒解答關於生命、死亡、救贖等問題，也看到具有制度專門化特色的宗教，如何透過科層制組織的運作，把教義、價值觀、儀式或活動融合在一起，成為彼此調和並且相關的一個結構。而慈濟組織的例子，則讓我們發現，制度宗教和神才魅力的領袖並存共治的一種宗教特例情況。接下來的星期四單元，就讓我們一起來體會宗教的儀式與經驗。

3分鐘 重點回顧

❶ 宗教團體與一般社會團體的不同之處在於，宗教能夠在觀念層面影響信徒，對信徒生命有全面性的影響，這個影響是來自於宗教的世界觀。宗教提供給信徒的世界觀，是指一套有關本質、自我生命、社會及萬物秩序，以及神與超自然界的知識架構，這通常隱含在教義及哲學思想中。

❷ 人生中有三個關於生命意義的問題，宗教的世界觀必須要能為信徒提供解答。首先，宗教要能幫助信徒，在面臨重大生命事件時得以建立或維持凝聚感與合理性；其次，宗教要能為苦難提供意義，讓當事人得以面對並承受；最後，宗教提供一套善惡的道德觀，讓信徒覺得邪不能勝正，人間社會終將充滿各種善行、美德以及正義。

❸ 「死亡」是一個重要的生命議題，宗教適時提供人們對於相關問題的解答，包括死亡是什麼？有沒有死後世界？死後世界是什麼樣子？天堂與地獄存不存在？幾乎所有宗教對於死亡、死後世界、天堂與地獄、靈魂等都有一套解釋。

❹ 「救贖」也是多數宗教關心的主題。人並非神，有種種的人性缺點與塵世的欲念，於是宗教提供信徒一個救贖的希望。至於人要如何得到救贖？救贖的內涵是什麼，以及救贖的意義，不同宗教有不同解釋。

❺ 現代社會的宗教具有「制度專門化」的特色，會把它的教義、價值觀、儀式或

活動融合成為彼此調和並且相關的一個結構，包括：教義（觀念體系）、倫理標準、儀式和活動、以及制度化的組織。

❻ 制度化的宗教組織在運作上就如一般社會組織一樣，依賴科層制的結構設計。但宗教的科層制與企業組織的科層制重點不同，目的並非利用制度來極大化效率與營收，而是讓不同神職位階的權力分工運作順暢，訊息能廣泛傳布，處理信徒的召募、組織與管理，以及會眾活動及儀式的組織、管理與協調等。

❼ 宗教的科層制結構中最重要的角色是神職人員，在不同宗教裡有不同的稱謂。

❽ 宗教的科層制結構必須要具備如：吸收新信徒、社會化信徒、滿足信徒的需求，以及維護群體的認同感、目的感等功能。

❾ 當一個宗教組織享受科層制帶來的體系運作效率時，也可能得承受伴隨而來的非預期結果，會面臨三個主要挑戰：信徒動機的變化、形式主義的僵化結果、教義教規和時代趨勢脫節。

❿ 台灣社會一些規模較大的佛教團體如佛光山、慈濟功德會、法鼓山等，都是以宗教科層制結構為基礎持續發展運作。而慈濟，雖然已經發展成為理性化的龐大科層制結構，但證嚴法師的神才魅力並沒有出現傳統的常規化現象，信徒與證嚴之間的情感連結在組織科層化後仍然存在。

附註：

1. 全面的意義體系說法是來自 Berger and Luckmann（1966）。
2. 約伯的故事見於《舊約聖經》裡第十八篇〈約伯記〉。根據記載，約伯是一個正直的好人，敬神且遠離惡事。他的家產豐富，子女眾多，但約伯沒有因此驕傲，反而時常提醒他們要敬神離惡的重要。據經文描述，撒旦挑釁耶和華，認為如果約伯受到災難，信心就會動搖。耶和華於是開始試探約伯的信心，讓他個人和家人遭受無妄之災，但約伯對神的盼望與信心並沒有動搖。儘管有時出現疑惑，約伯仍憑藉信心生活，繼續請求神的憐憫與保護。最後耶和華解除約伯的苦難，並賜給他豐盛的家產以及長壽的生命。
3. 一九九三年的電影《影子大地》（*Shadowlands*），描繪了路益師的信仰以及他與妻子從相遇、結婚、到喪妻的故事與心路歷程。
4. 筆者譯自路益師（2009: 24-25）。
5. 引自曾珍珍譯路益師（2009:104-105）。
6. 請參見星期五單元，當代世界宗教的相關討論。
7. 陳淑娟（2006: 91）。
8. 讀者如果有在歐美國家的旅遊或居住經驗，就會發現，當地墓園與住宅並沒有特意區隔的現象，常見一座廣大墓園的正對面或隔壁，就是一般居民的屋宅或社區。
9. 筆者譯自 McGuire 1987: 29。
10. 微妙體一詞，出於印度教的身體觀。印度教相信人有肉體、微妙體和起因體（causal body）三個層次。肉體由地、水、火、風、乙太等五種元素組成，人死後，這五個元素就會回歸各自原來的領域。微妙體是靈魂的所在，它儲存人的業力。起因體則承載著人的「經驗我」（empirical self），身體與微妙體也都是從它而來。人是透過具有這三個身體層次的經驗我在世間活動。
11. 二〇一〇年綜合社會調查：縱橫資料組合（General Social Survey 2010 Cross-Section and Panel Combined）。

12. 《希伯來書》9: 27

13. 〈馬太福音〉25: 41,46

14. 《可蘭經》16, 61

15. 《可蘭經》56,42-45; 94-95

16. 最初由佛光山的星雲法師在一九九八年一場全國性的祈福法會中提出「三好運動」，後來這個口號陸續在不同佛教團體間流傳推廣至今。

17. 本書的重點與主題雖然不是以介紹主要世界宗教為主，但此處提供五大世界宗教的神職人員一覽表，目的是希望讀者能對於在各不同宗教結構中，擔任重要角色的「神職人員」的稱謂，做清楚的對照。

18. 「折伏」與「攝受」這兩個名詞最早出現於《勝鬘經》，經文中指出「應當折伏的將其折伏，應當攝受的將其攝受。為了令法久住，要折伏與攝受」。相關說明請見筆者（1995: 72-78）。

19. 此處介紹慈濟組織與發展內容，主要來自筆者於二〇一〇年刊登在《台灣社會學》的書評〈書寫慈濟的身體〉。這篇文章是評黃倩玉（C.Julia Huang）研究慈濟的英文著作《領袖與慈悲》（*Charisma and Compassion*）。對於本節有關慈濟的相關現象與資料有興趣的讀者，請參考原書（2009）。

20. 三身模型是由黃倩玉提出，見 Huang（2009）。

Day 04 Thursday

星期四

儀式與經驗

-Ritual and Experience-

凡是真正參與宗教的人都深知，是儀式帶給他們歡樂、內心平安、寧靜和熱情的感受，對信徒來說，這就是在經驗上對他們信仰的證明。

——埃米爾．涂爾幹（Emile Durkheim）

從儀式與經驗——體會宗教的象徵意義和與神連結的可能

如果你是某個宗教的信徒或是個人靈修者，是否曾經在進行某種個人或團體的儀式或活動的過程中，出現不尋常的生理或情緒反應，比如突然的哭泣、極度的喜悅、強烈的痛苦、深度的平靜、身體不由自主的抖動、感覺到一股暖流通過身體或感覺身體變得輕盈，或暫時失去對周遭環境的意識等異樣感受？當你事後回想這段經歷時，會覺得那就像是和自己信仰的神，如佛祖、阿拉、上帝、上主、宇宙、大我或較高力量的交會或合一，是一種無法在日常活動中得到的特殊經驗。

如果宗教只是我們生活之外的一套組織體系或一套理性思考的觀念，那麼在現代社會中，持有各種理念的社會團體或組織，都可以取代宗教的地位。而宗教之所以不同於一般社會團體或組織的最大特點就是：它提供信徒一個與神連結的機會。而這個連結的管道，就是宗教的儀式。

簡單來說，宗教儀式是連結人與神的重要媒介，而人們透過儀式所產生的「神聖交會」，就是宗教經驗。

在前面星期三的內容中，我們主要談宗教的的觀念與結構，內容側重在宗教的鉅觀與靜態層面，而星期四這一天，就讓我們來理解宗教中比較微觀的、流動的層面，即宗教的儀式與經驗。

了解宗教儀式

我們在星期一的章節中曾經提過，宗教儀式是一套具有宗教意義的重複的象徵式動作。這段話中，如果去掉「宗教」一詞，那麼廣義的儀式，可被定義為一套重複進行且具有象徵意義的動作。從這個角度來看，我們會發現，人類生活中時常可見各種

重點Snapshot 宗教不同於一般社會團體或組織的原因在於：它提供信徒一個與神連結的機會。而這個連結的管道，就是宗教儀式。人透過儀式所產生的「神聖交會」，就是宗教經驗。

集體或個人的儀式，小至每天起床後的刷牙、洗臉等個人盥洗行為或情侶倆決定終身相伴而舉行的結婚儀式，大到各種運動比賽的開幕或閉幕典禮，或甚至是每年元旦的國慶升旗典禮等等；這些日常生活中的儀式，對於個人或團體來說，具有不同的象徵意義。然而在宗教裡，儀式扮演著非常重要的角色，它不只能夠讓個人體驗到與神或超自然的連結，也能夠喚起集體的宗教情感。

從儀式進行的規模來看，可分為團體及個人兩類；而從儀式的功能來看，則有消極儀式、補贖儀式、積極儀式，以及治療儀式等四類。

儀式的規模

※團體儀式

儀式是宗教團體聚會中一個特別重要的方式。藉著儀式，宗教團體就能象徵化其所重視的意義，例如基督徒在聖餐儀式中，藉著分享象徵基督身體與血液的無酵餅及葡萄酒，讓信徒們體會到「在基督裡合而為一」的教會精神。此外，儀式還能賦予團體一致性的象徵形式，讓參與其中的信徒透過象徵的方式，肯定他們對該宗教團體的信奉。

在宗教的儀式過程中，也時常強調「儀式語言」的力量，例如在聖餐儀式時，神職人員說出「這是我的身體」、「這是我的血」等言語，帶出莊嚴的氣氛；或是在一些信心治療儀式中，參加者會藉著呼喊「醫治」來表達強烈的療癒期待。儀式中的象徵動作和語言，通常反映出宗教團體的意義體系，以及以該體系為基礎的行為。

一般而言，制度宗教定期舉行的團體儀式，往往有一套標準化的程序與步驟，例如基督宗教每週日上午在教堂舉行禮拜、猶太教每週六上午在猶太會堂舉行安息日禮拜，以及伊斯蘭教每週五午後至傍晚期間在清真寺舉行的聚禮（主麻禮拜）等等。

基督宗教與猶太教的禮拜程序通常包括一個含有禱告、誦讀經文或讚美詩歌的「開場儀式」，緊接著是牧師、神父或拉比，針對某一主題進行講道的「主題活動」，接著是禱告、歌頌和結束儀式。而伊斯蘭教的聚禮程序，一般包括由教長帶領穆斯林全體進行的禮拜、教長的講道以及為全體教徒祈禱等。

❂ 個人儀式

每個宗教除了有其集體聚會，舉行儀式或宗教活動之外，也有信徒個人單獨進行

重點Snapshot 藉著儀式，宗教團體就能象徵化其所重視的意義，賦予團體一致性的象徵形式，讓參與其中的信徒肯定他們對該宗教團體的信奉。

的儀式。最常見的個人儀式如禱告、讀經以及靜坐冥想。當事人可以透過這些個人儀式，與他所信仰的神或神聖力量進行溝通或建立關係。

不同宗教的信徒除了遵守教規進行禱告，如穆斯林每日五次的拜功、猶太教徒每日三次的禱告或基督教徒的「經常禱告」[1]之外，也可能會因不同目的而特別進行禱告，比如為某特定的人、事、物而祈求神或神聖力量的幫助、引領和加持，或是為提升宗教情緒或心靈層次而祈禱，甚至單純只是為讚美某事、感謝神或神聖力量而進行禱告。

對佛教徒以及個人靈修者來說，個人的儀式通常是採取靜坐冥想的方式進行。佛教團體通常對於在靜坐冥想（又稱為「打坐」）時的身體姿勢、呼吸方式，以及心思狀態有明確的指導，信徒需要經過一段時間的練習才能熟悉技巧。當代一些受西方新時代運動[2]思潮影響的個人靈修團體，通常會指導成員簡易的靜坐冥想方式，例如：播放一片冥想音樂或靜坐導引的CD，當事人就能夠隨著指引，進行個人的靜坐儀式。

儀式的功能

☼ 消極儀式

宗教中的消極儀式，其功能就是把世俗與神聖的空間分隔開來。例如對信徒來說，教堂及寺廟是一種神聖的空間，這些空間和他們日常的生活空間有所區隔。要進入這些宗教殿堂參加各種活動之前，信徒通常會在身心方面做好準備——這種準備的工作就是一種消極儀式。

消極儀式與宗教的禁忌（Taboo）體系或觀念有關，是透過禁止某些行動來保持宗教的神聖性。比如說台灣傳統民間信仰認為，女性在月事期間，不能從事祭拜，就是一種流傳已久的禁忌。消極儀式最常見的方法，是採取禁欲或苦修，如禁食、禁語、禁看、禁聽等等「接觸的禁忌」，或是透過不眠、獨處、靜坐等方式，來觸發或提高個人的宗教狀態。

接觸的禁忌是一種原型的禁忌，其他各種禁忌，都是從這種原型中衍生出來。在禁食上，有些部落宗教常見禁止族人吃某種神聖的特定動物或植物，若犯忌吃了這些

重點Snapshot 宗教中的消極儀式，其功能是把世俗與神聖的空間分開。消極儀式與宗教的禁忌體系或觀念有關，透過禁止某些行動來保持宗教的神聖性。最常見的是採取禁欲或苦修，或透過不眠、獨處、靜坐來觸發或提高個人的宗教狀態。

東西，就是一種瀆神行為，會生病或死亡。此外，各世界宗教中也有食物方面的接觸禁忌或飲食規定，這些接觸禁忌基本上認為，某些食物具有神聖或是不潔的特性，所以信徒不該食用，例如印度教徒不吃牛肉、許多基督徒仍避吃帶血的肉、穆斯林必須吃清真食物（Halal）、佛教神職人員必須素食、猶太教徒必須吃「符合猶太教規的食物」（Kosher）等[3]。

話語也是一種接觸，所以在接觸的禁忌中，也有禁語的規則。大部分的宗教儀式中都有必須保持安靜不語的時刻，例如：基督宗教信徒在聖餐禮過程中，當排隊一一領取聖餐時，必須保持安靜；佛教徒在打坐期間必須禁語等。某些部落宗教還有禁聽的接觸禁忌，例如澳大利亞的原住民拿林杰里族（Ngarrindjeri）族在舉行喪事時，死者若是男性，其父母絕對不可以提到他的名字；有些部落如阿德萊得族（Adelaide）和貝族（Bay）更嚴厲，所有與部落同名的族人在男性死者辦喪事期間，都得暫時改名[4]。

除了接觸的禁忌之外，道教的過火儀式、基督宗教中的靜修或避靜（retreat）與當代一些靈修團體的靜坐課程等，也都具有消極儀式的作用。這些苦行主義的修行活動，都是透過對身體的鍛鍊——通常是以讓身體產生疼痛為主——來產生宗教情境。

換言之，痛苦可以作為開啟宗教心靈的途徑。

這些消極儀式藉著各種接觸禁忌以及苦行主義的行為，降低信徒的世俗性並提高宗教性，為加深與神的關係做好了預備。所以消極儀式通常是作為通往積極儀式的工具。

☼積極儀式

凡是反映神聖世界規則和組織的集體儀式活動，稱為積極儀式，它具有精神和社會層面的功能。積極儀式的內容包括：獻祭儀式、模仿儀式、再現或紀念儀式[5]。

獻祭：

以原始宗教為例，在澳洲社會以圖騰信仰為主的各個氏族，各自把某種動物如袋鼠、虱子、壁虎、烏鴉或植物，視為自己的圖騰祖先，他們相信這些圖騰物具有神聖性，所以會定期舉行犧牲儀式，把獻祭的動、植物或拜神者的血獻給與圖騰有關的神聖物。而這些被犧牲的動、植物也被視為具有神聖力量，通常是該氏族的圖騰祖先近親。這種行為所隱含的意義是：透過犧牲獻祭，能夠維持和加強人與神之間的原始血

重點Snapshot 反映神聖世界規則和組織的集體儀式活動，稱為積極儀式，內容包括：獻祭儀式、模仿儀式、再現或紀念儀式。

緣關係。

這種以犧牲某物作為向神獻祭的儀式，在後來宗教的發展中也屢屢可見，如祭師把犧牲的動物的鮮血灑在祭壇或周圍。只是在儀式中，人與神之間的關係，不再是後代與祖先的關係，而是凡人與超自然的神之間的主從關係。

這種獻祭儀式包含了兩個要素：奉獻與共享。奉獻是指信徒或主祭者[6]對神或神聖物的付出與貢獻，即提供祭品；共享則是透過分食祭品而與神產生交流。

通常透過奉獻與共享，信徒之間會產生一種「同體感」。就社會功能來看，這種儀式具有社會凝聚的效用，能鞏固信徒對於所屬宗教的向心力，例如台灣社會的祖先崇拜以及民間信仰的各種祭拜儀式，也有奉獻祭品與共享分食的內容，在形式上，可說是遠古獻祭儀式的當代版本。

模仿、再現與紀念：

在原始的圖騰信仰中，有些部落的族人每當新的季節來臨時，會定期重複舉行模仿儀式。族人把自己打扮成所屬圖騰祖先，如鸚鵡、袋鼠、飛蟻的樣貌，模擬出動作與聲音，相信這樣的模仿能保證該圖騰物種持續大量的繁衍下去。而透過這種模仿儀式，族人在情感與精神上也會感到自己屬於同一個圖騰集體[7]。

此外，也有氏族如黑蛇族會透過儀式，再現並紀念創造他們祖先的神話故事[8]。在這種儀式中，族人視主祭者為氏族祖先的化身，他們在儀式過程中以身體舞蹈的方式，戲劇化的重現黑蛇祖先整個生命的神話故事。表演結束後，緊接著是一連串的紀念式典禮。

而基督宗教的聖餐儀式，共餐象徵耶穌身體的無酵餅和象徵耶穌之血的葡萄酒，在某個程度上，也可以說是一種以象徵方式來紀念基督精神的再現儀式。

☼補贖儀式

補贖儀式（Piaculum）[9]與消極儀式相關，但是具有不同的功能與目的。這種儀式是企圖透過宗教的力量，來幫助當事人面對或是化解不幸、不順。

喪葬的流程與禮節，就是一種很重要的補贖儀式。雖然各宗教都有其喪禮的形式與流程，但是主要都在於提供親友一個集體性的情緒與空間，來哀悼、懷念死者。如果我們稍微留意一下台灣社會中不同宗教的喪禮，可能會發現，民間信仰中的喪禮儀式與基督宗教的儀式之間，呈現出極端不同的環境氣氛與情緒對照。

重點Snapshot 獻祭儀式包含了兩個要素：奉獻與共享。奉獻是指信徒或主祭者對神或神聖物的付出與貢獻，即提供祭品；共享則是透過分食祭品而與神產生交流。

通常，基督宗教的喪禮，主要以緩和集體情緒的方式進行，除了牧師的禱詞之外，還配合聖樂的演奏或詩歌的演唱，目的是以平靜的方式來面對死者的離世，並紀念死者的生平。由於基督宗教相信，信徒死後會上天堂，因此無論在台灣或歐美社會，有些基督教的喪禮氣氛甚至是歡喜的[10]。

而以民間信仰為主的喪禮，常可見道士唸經並帶領親友在死者遺體前哭喊跪拜，創造出一種痛苦與悲傷的情境，讓死者的親友因此能盡情哀悼，安撫失落的情緒。

基督宗教中的驅魔或治病儀式，也屬於補贖儀式的一環。英美地區，由於相信超自然神祕現象的人口逐年增加[11]，相關的抓鬼實境節目也大受歡迎[12]，節目中經常可見接受過正式驅魔訓練的天主教神父或基督教牧師受聘，到某位民眾家中進行驅魔儀式。

根據基督宗教的觀念，惡魔（Demons）和撒旦（Devil）真實存在，具有邪惡和不潔的危險力量，會讓當事人生病、出現自殘或殘害他人行為，所以如果有基督宗教信徒遭惡魔附身，可以為其舉行驅魔儀式[13]以化解當事人的不幸。

台灣民間信仰中常見的「收驚」，也是一種補贖儀式。收驚所仰賴的信仰觀念，是認為人的魂魄受到驚嚇會離開身體，藉由收驚儀式即可召回當事人的魂，恢復正常的身心狀態。在九二一大地震期間，就有許多人因受到驚嚇而求助於收驚儀式。此外，民眾到廟宇上香拜拜的行為——祈福、解厄、求財、求子、求功名、求婚姻、求平安等等——也屬於補贖儀式，無非是希望藉由儀式化解各種不幸或不順。

最後一種補贖儀式則與大自然有關，通常是原始部落中由巫師帶領舉行，例如因為乾旱或預防來年饑荒而舉行的求雨儀式與農穫儀式。因為極端的大自然氣候會造成部落生存的危機，所以他們相信透過讓眾人身體產生痛苦的補贖儀式，就可以影響自然力量[14]。

治療儀式

治療儀式是指宗教治療師如薩滿或神職人員，藉由神或超自然力量的指引或協助，療癒當事人身心靈疾病的儀式。自二十世紀下半期開始，世界各地興起了一股治療風尚，從心理治療到各種另類療法，現代社會似乎越來越多人尋求在傳統生物醫學之外的輔助或替代療法（Complementary therapies）。因此，宗教的治療儀式在某些現代人的宗教生活中，也扮演了很重要的角色。除了傳統宗教如許多基督教會提供治療儀式之外，新興宗教與新時代運動中也可見各種治療儀式[15]。

重點Snapshot　補贖儀式是企圖透過宗教的力量，來幫助當事人面對或是化解不幸、不順。例如喪葬的流程與禮節，就是一種很重要的補贖儀式。

宗教的治療儀式可以回溯到原始薩滿的宗教儀式。但是在全球化的發展趨勢下，許多原屬於某一個地方傳統的宗教治療儀式，也因此有機會傳播到世界其他地區。這裡我們就以墨西哥原住民的一個宗教治療儀式為例。一位白人女性和我分享她在西班牙地區第一次參與該儀式的過程與經驗[16]：

我上個月[17]受邀參加在西班牙某個鄉間舉行的一場薩滿儀式！……邀請我的人是我朋友的朋友A，他一直待在墨西哥，拍攝當地最後一個原住民族維拉里塔（Huichol）的紀錄片。這個部落受到墨西哥官方的許可，可以在他們的宗教儀式中，合法使用「培奧特」（Payote）。A在那裡生活一段時間之後，已經融入維拉里塔族人的生活和活動，而最近他有幸參與了培奧特儀式，並且扮演照顧火苗的角色——稱為塔瓦里（Tatewari）。塔瓦里這個角色很重要，因為培奧特儀式都是在晚上於戶外舉行，聖火堆必須從傍晚一直燃燒到天亮！所以A決定邀請薩滿（Marakame）[18]和他的助手到西班牙，與喜歡這個儀式的朋友們分享……這是薩滿第一次離開他的國家到外地！

在一個週末，大約有十五個人來到A的父母所擁有的一座大農場莊園……我們為薩滿架設了一頂大帳棚，其餘人則在外面圍繞著火堆席地而坐。就在我們才坐下來幾分鐘左右，天空彷彿裂開一般，開始下起大雨！雨下下停停了一整夜，下得很大，接著停了一段時間，我們渾身濕透，必須站起來在火堆四周試著把自己弄乾。儀式開始之後，如果你想上廁所，可以去，但是你不能離開這個場地。就像薩滿說的，我們從大地學到了第一課。

在這場儀式一開始的時候，薩滿給每個人一條煙草纖維——它是這個原住民族的聖物——並且要每個人針對自己想在儀式過程中探索關於自我或生命的問題，以一個問題一個結的方式，在煙草纖維上打結……

我們都喝了含有一點培奧特粉末的溫水，薩滿觀察我們每個人的能量並請教神靈，以決定每個人需要飲用的分量。結果我需要的量比其他參與者來得少很多。

我並沒有像他人一樣有那麼多感受，也不覺得有受到藥物影響[19]，但是我反而進入一種清醒的冥想狀態，而且持續一整夜。等到日出的時候，我很驚訝早晨怎麼這麼快來臨，雖然那感覺起來或許是我生命中最長的一夜！

在結束上述的培奧特儀式後，當事人對她感受到的療癒，做出以下的敘述：

我感覺到和維拉里塔族人以及我周圍的人之間，產生一種強烈的連結，還覺得好像和全世界的人與自然也連結在一起。在我看來，那就像是你存在內部的一個「燈

重點Snapshot 自二十世紀下半期開始，世界各地興起了一股治療風尚，許多人尋求在傳統生物醫學之外的其他治療方法。宗教的治療儀式在某些人的宗教生活中，扮演了很重要的角色。

泡」熄滅的一刻。而且經過這一段儀式後，我對於自己和人類以及自然，都有了更深入的認識，與自我的關係也較深入。……我很感謝有這樣一種獨特的經驗。

當人們從各種宗教儀式中產生不同於世俗生活的感受，喚起集體的宗教情感，產生身、心、靈等層面的不尋常反應，同時在主觀上認為那與一個更高更大的神聖存有或力量——如各宗教裡的神——有關，並根據自己的信仰觀念即教義，提出相關詮釋時，就顯示出，當事人的「宗教經驗」、參與的「宗教儀式」以及信奉的「宗教觀」三個層面，是一套環環相扣的關係。

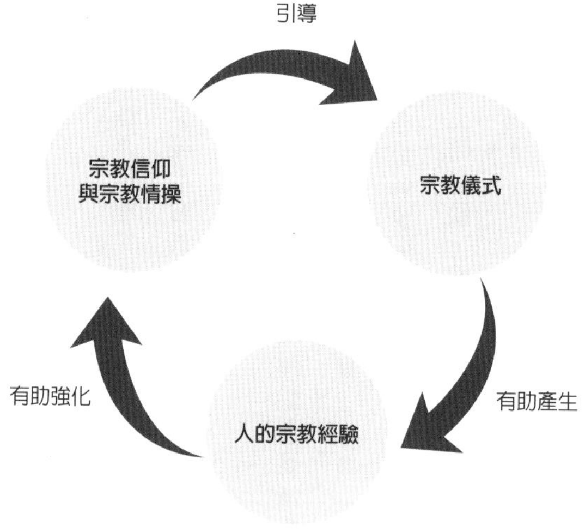

宗教觀、宗教儀式與宗教經驗的關係

感受宗教經驗

我們在前面所談的宗教儀式，具有讓團體及個人產生特別宗教經驗的潛力。因為透過宗教儀式與信仰所表達出來的象徵意義，經常具有真實的力量，足以讓個人產生在日常凡俗生活之外的「超驗經驗」。這種超驗經驗就如威廉．詹姆斯（William James）的經典作品《宗教經驗之種種》（*The Varieties of Religious Experience*）一書中所說，是個人和他所認為的神性之間的關係——此處的「神性」（Divine）是指任何像神的對象，無論是否為具體的神明或上帝——但是這種宗教經驗具有它的主觀特性，即人的主觀宗教情感與宗教衝動。

宗教經驗的層面

宗教經驗有兩個層面：一是個人的宗教經驗，一是集體的宗教經驗。無論是個人或集體的宗教經驗，都涉及個人的情緒與體現，並且需要透過主觀的陳述，將之表達出來。因此了解宗教經驗的最好方式，除了自己去嘗試經歷一下之外，也可以分享別人的經驗。

重點Snapshot 當事人的「宗教經驗」、參與的「宗教儀式」以及信奉的「宗教觀」三個層面，是一套環環相扣的關係。

以下我們就來分享幾個實例。

一位參與浸信會以及跨宗派教會時間長達十二年之久的女性白人基督徒，與我分享了她在團體儀式以及個人儀式中都曾出現的宗教經驗[20]：

在做禮拜時，當我聽到牧師提到一段特別訊息，或是聽見別人的見證時，我會感受到自己內在的變化。例如最近一次上教會時，在禮拜過程中聽牧師講述《聖經》中一段經文，或聽到某人發生的一個故事。此外，我在教會中也分享自己的見證。在這些時候，我都相信有神的力量在做工。

其他時候，當我自己有事禱告時——祈求平安、平靜、也有時是祈求答案——我都會感受到平靜的降臨，覺得很平安。答案出現了。當我得到解答時，我身體會產生一種「感覺」。

我的身體顫抖，有一股——不像暈眩但是類似的感受。我會出現一陣從頭頂一路竄過身體的不尋常感覺。所以在上述的例子裡（筆者：受訪者是指在教會中做禮拜時，領悟到某段講道的訊息），我先感覺到平靜感，接著幾乎立刻有了釋放與感謝的情緒，因為學習到課題並且理解自身問題所在。當我見證時——我深信，我過去為某事的禱告（以及目前的禱告），上帝都聽見並且回應——我被感謝與謙卑的情緒淹沒

（我不會因為有福而誇耀，上帝的恩寵令我謙卑）。我充滿敬畏與驚奇之情。我的身體也能感受到。有時候我會覺得頭昏，不像是要昏倒，更像是整個人被抱起來，我的身體彷彿變輕。而當我為某事禱告時，則感覺平靜與平安。有一次，當我身處在壓力很大的期間，我俯臥在地板上，祈求平安與平靜，然後就感受到，彷彿有人在我身上遍灑暖水。我立即停止哭泣，並且覺得一切都會沒事——問題會解決，而我的沉重壓力也（幾乎）隨之消失。

大部分的宗教都有所謂的「皈依」或「改宗」（Conversion）儀式，即讓人正式成為某一宗教信徒的儀式，當事人通常有可能在這種儀式中產生某種程度的宗教經驗。以下是一位婦女在參加基督宗教皈依儀式過程中，產生宗教經驗的例子[21]：

我被帶到一個營隊聚會，母親和宗教友人為了我的入信而向神禱告。我的情緒被深深地激發出來。我宣告自己的墮落，並懇求神將我從罪中釋放出來，讓我忘卻周遭的一切。我懇求寬恕，並且對於原諒以及自我的本性有了深層的體悟。當我站起身來的時候，我大聲說出：「舊事已過，都變成新的了。[22]」就好像進入一個新世界、一個新的存在狀態。自然事物都發出榮光，我屬靈的眼界如此的清晰，以至於我在這個宇宙的每一件物體中都看到了美麗，森林發出天籟般的音樂。我的靈魂為了神的愛而

重點Snapshot 宗教經驗有兩個層面：一是個人的宗教經驗，一是集體的宗教經驗。了解宗教經驗的最好方式，除了自己去嘗試經歷之外，也可以分享別人的經驗。

狂喜，我也想要讓每個人來分享我的喜悅。

個人靈修者的宗教經驗可能與基督教徒有所差異。以下是一位白人女性和我分享她在一次集體靈修營中的身心經歷[23]：

我參加為期一天的健康靜修營，地點在新英格蘭的一處美麗鄉間，就在一間教堂外面。我們做瑜珈、靜心冥想與太極，然後享用一份健康的午餐。到了下午時分，我們就在教會聚集。每個人都拿到一本日記本。帶領人首先請我們以身體的角度寫一封信給自己。如果有人自願，可以分享信的內容，而每個人都寫了關於身體是如何被視為理所當然、（身體）想要更多的休息、更多快樂的活動、更多健康的食物。接著，我們寫一封信給我們的身體，幾乎所有人的信都寫成了感謝卡。當所有女性聚在一起分享的那一刻，真的很感人。

我記得當時我的雙眼含著淚，因為這一道簡單的問題——要從我們身體的角度寫一封信給自己——開啟了我多年來一直保持緘默的情緒感受。那是一種同時夾雜了溫柔、悲傷以及諒解的感覺。

對我來說，這是一種身和心的美麗連結。我們在早晨花一段時間透過瑜珈來伸展與靜止。我們吃得健康，在一個友善的環境裡享用素食，桌上布置著鮮花，也認識了新朋友。然後，我們在要求之下，在反思中書寫。這每一個經驗都有助於我打開並真正的聆聽自我，以及療癒。

上述這位個人靈修者，把她的靜修經驗詮釋為走向內在以及療癒，不同於基督教徒通常把宗教經驗詮釋為是外在的上帝對其指引與回應。此外，在先前我所提到參與墨西哥宗教儀式的例子，當事人對於她在培奧特儀式中的經歷，則詮釋為是與萬物的合一[24]：

我記得有一個奇怪的情況重複的發生了好幾次：我在黑暗中看著某一個人，我很確定那是我的朋友K，也有可能是他的朋友或某人……我越是專注看著那個人並且看著他的臉，就越加明白他們不是他而是別人……但是這不重要！事實上，我們都是同一個人！這種注視站在我面前的某個人臉龐的感受衝擊很大，但同時卻又令人安心。我感到非常的平安，與此同時，彷彿整個身體都燃燒著愛……許多次，我必須要把手貼在胸口，以守住在我胸中能量燃燒的感受！

我感到和維拉里塔里族人和我周圍的人有一種強烈的連結，也和全世界的人與自然連結在一起。

在這個墨西哥儀式中有一個很重要的東西，即培奧特。它是德州西南部與墨西哥

重點Snapshot 大部分的宗教都有所謂的「皈依」或「改宗」儀式，即讓人正式成為某一宗教信徒的儀式。當事人通常有可能在這種儀式中產生某種程度的宗教經驗。

的本土仙人掌植物，美洲原住民用它作為儀式或醫藥用途的由來已久。食用培奧特會對人的身心產生顯著影響，有類似迷幻藥物的作用。原住民在儀式中使用培奧特時，可以誘發當事人的宗教或超驗經驗。因此，前述參加培奧特儀式的受訪者在儀式中產生的特別經驗，可能在「某個程度上」也是因為食用了這種植物之後的結果——儘管當事人提到她不認為自己有受到培奧特的影響。

此外，當事人這種與神或與萬物「合一」的感受，也令人聯想到詹姆斯在分析「治療心理的宗教」（Mind-Cure Religion）時提供的宗教經驗實例。其中一個例子是一位久病的人，藉由這個與神合一的信念以及個人的儀式（禱告）而經歷了療癒的過程[25]：

我自童年到四十歲之前，都在受苦……（詹姆斯在書中此處省略當事人對病情的詳述）我在佛蒙特州待了幾個月，希望不一樣的空氣能為我帶來好的改變，卻變得更衰弱，直到十月下旬有一天午休的時候，我突然聽到這些話，「你將會療癒，並且從事一份你意想不到的工作。」這些話深深印在我心裡，它的力量如此強大，以至於我立刻說：「只有神才可能講這些話。」儘管我的受苦以及衰弱持續到我在耶誕節回到波士頓之後，我還是深信不疑。兩天後，一位年輕朋友說要帶我去見一位心理治

療師（這時是一八八一年一月七日）。那位治療師說：「除了心靈之外無它（唯有心靈）。我們是一體心靈的表達；身體只是凡人的一種信念……」我無法接受她全部的想法，不過，我是這樣詮釋的，「唯有神；我是祂所造的，並且完全仰賴祂；心靈是賜給我來使用；透過把正確行動的想法放入身體，我就會從我的無知與恐懼以及過去經驗的奴役中解脫。」……晚上入睡時，我說：「我是靈魂、精神，我和神對我的想法是合而為一的。」這是好幾年來，第一次我有了一夜好眠，中途沒有醒來。……在十天之內，我已經能夠正常進食，吃別人提供我的各種食物，而兩週之後，我開始有了對真理的正面想法，這對我來說，就像是一道里程碑。……在我之後十九年的歲月裡，我在應用這個真理時從未失敗過……。

宗教經驗的程度有強有弱。有些程度比較強烈的宗教經驗，會讓當事人產生高昂的情緒張力，甚至感受到「神的臨現」。詹姆斯在分析宗教皈依經驗的心理過程時，提供了許多學者研究的相關實例，這裡來看其中一個例子。這位當事人是牛津大學畢業生，父親是個牧師，他描述自己儘管有時在狂歡的飲酒享樂之後，會感到後悔，覺得浪費了自己的資質與所受的教育，但並非有意讓父親所屬的教會蒙羞。然而在大學畢業後到三十三歲皈依成為基督徒的幾年期間，他從未感覺到要在宗教基礎上做出改

重點Snapshot 基督教徒通常把宗教經驗，詮釋為上帝對信徒的指引與回應。

變。他的父親在家裡臥房內讓他真正受洗皈依之後不久，有一天，他收到一位女性友人寄來一本書，請教他的看法；他拿了書進臥房，打算仔細研讀之後再回信給友人，此時卻產生了以下的宗教經驗[26]：

神就在這裡和我面對面，而我永遠都不會忘記這場會面。「人有神的兒子就有永生，沒有神的兒子就沒有生命。」[27]這句經文我以前已經讀過許多次，但是這次完全不同。我現在就在神的面前，我的注意力完全被「焊接」到這句經文上，並且要直到我仔細琢磨出經文的真義之後，才得以繼續讀下去。有一會兒我感覺到房間內還有另一個生命(being)的存在，雖然肉眼看不到，但這種寂靜很棒，我也感到非常快樂。……聖靈以無可言喻的愛向我顯現……那段時間內我極其快樂，感覺自己就像是父親面前的孩子一樣。我做錯過事，但天父不但沒有苛責我，還給了我無比的愛。

正在閱讀本書的你，是否也曾經有過類似前述這些宗教經驗的例子呢？

下一次，當你有機會參與各種集體的宗教儀式活動或進行個人的宗教儀式時，留意一下在儀式過程中，自己在身體、心理、情緒或精神的狀態及反應，看看是不是能夠感受到你個人的宗教經驗。

而已經有各種宗教經驗的人，或許可以比較看看，自己的經驗與筆者提供的例子之間，有何異同之處？

重點Snapshot 宗教經驗的程度有強有弱，有些程度比較強烈的宗教經驗，會讓當事人產生高昂的情緒張力，甚至感受到「神的臨現」。

3分鐘重點回顧

❶人類生活中時常可見各種個人或集體的儀式活動，它們對個人或團體具有不同的象徵意義。在宗教裡，儀式扮演著重要的角色，不只能夠讓個人經驗到與神或超自然的連結，也能夠重新喚起集體的宗教情感。

❷宗教不同於一般社會團體或組織的最大特點就是：它提供信徒一個與神連結的機會。而這個管道就是宗教的儀式。宗教儀式是連接人與神的重要媒介，而人透過儀式所產生的神聖交會就是宗教經驗。

❸從儀式的規模來看，可分團體及個人儀式。從儀式的功能來看，則有消極儀式、補贖儀式、積極儀式，以及治療儀式。

❹儀式是宗教團體聚會中的重要一環。儀式中的象徵動作和語言通常反映宗教團體的意義體系，以及以該體系為基礎的行為。

❺每個制度宗教都有其定期舉行的團體儀式，如基督宗教的週日禮拜、猶太教的週六安息日禮拜，以及伊斯蘭教的週五聚禮（主麻禮拜）等。宗教的團體儀式也往往有一套標準化的程序與步驟。

❻宗教也有由信徒個人單獨進行的儀式，如禱告、讀經，以及靜坐冥想等。透過個人儀式，信徒與神或神聖力量進行溝通或建立關係。

❼消極儀式與宗教的禁忌有關，透過禁止某些行動來保持宗教的神聖性。禁欲或苦修方式是最常見的宗教消極儀式。消極儀式通常作為通往積極儀式的工具，信徒藉著各種接觸禁忌以及苦行主義的行為，以降低世俗性並提高宗教性，為加深與神的關係作好預備。

❽積極儀式是反映神聖世界規則和組織的集體儀式活動，它的功能主要是精神和社會層面的。積極儀式包括獻祭儀式、模仿儀式、再現或紀念儀式。

❾補贖儀式是企圖透過宗教的力量來幫助當事人面對或化解不幸、不順的一種儀式。處理死亡的喪葬儀式，是重要的補贖儀式。

❿治療儀式是指宗教治療師，如薩滿或神職人員，藉由神或超自然力量的指引或協助，以療癒當事人身心靈疾病的儀式。

⓫宗教儀式有助於產生宗教經驗，人一旦產生宗教經驗，就會進一步強化他的宗教觀（信仰與情操）。

⓬人的宗教經驗具有主觀特性，即人的主觀宗教情感與宗教衝動。無論是個人或集體的宗教經驗，都涉及人的情緒與體現，並且需要透過主觀的陳述表達出來。宗教經驗的程度有強有弱。有些程度比較強烈的宗教經驗，會讓當事人產生強烈的情緒張力，甚至感受到「神的臨現」。

附註：

1. 基督宗教雖然沒有明文規定教徒一日要禱告幾次，但是《聖經》中多處經文提到要信徒時常禱告、凡事禱告。
2. 新時代運動（New Age Movement）起源自西歐及美國地區，是一種透過個人的靈性覺醒，轉而追求身心靈一體成長的新興社會運動。從宗教觀念史的角度來看，新時代作為宗教，可說是源自於十九世紀西方的神祕主義，在二十世紀初期發展成熟的結果，代表西方神祕主義傳統的世俗化現象。這種新時代宗教，是一種「宗教的個人主義」，是以「自我」為中心的宗教。新時代成為一種追求靈性的運動，則是一九七〇年代末期才開始的現象。
3. 有關在某些宗教文化與社會脈絡中，「不潔」為何是禁忌?在文化人類學家瑪麗·道格拉斯（Mary Douglas）於一九六六年出版的《潔淨與危險：汙染與禁忌的概念分析》（*Purity and Danger: An Analysis of Concepts of Pollution and Taboo*）一書有詳盡的分析。
4. Wyatt, Adelaide and Encounter Bay Tribes, in Woods, p.165; 引自Durekheim 1910: 344。
5. Durkheim 1910。
6. 原始宗教的主祭者為薩滿（巫師）、祭司，當代宗教則為神職人員。
7. Durkheim1910: 393-413。
8. Durkheim1910: 416。
9. 拉丁文。
10. 筆者在二〇一五年初經歷了外子繼母M的基督教喪禮，即是一例。這場在教堂進行的喪禮中，逝者的遺體不在現場，而儀式主題是「慶祝M的生命」。
11. 六八%的美國民眾相信一種以上的超自然神祕現象，包括：如鬼魂、幽浮、大腳印（Bigfoot）、通靈等（Bader, Mencken, and Baker 2011）。
12. 例如：美國旅遊頻道（Travel Channel）中，最受歡迎的節目竟是自二〇〇七年開播至今的實境秀節目《鬼魂冒險》（Ghost Adventures）。其他頻道也有各種類似節目，而且多年來頗受觀眾歡迎，如終點美國頻道（Destination America）的 A Hunting、Syfy 的 Ghost

Hunter 等。

13. 羅馬天主教會對於是否幫信徒進行驅魔儀式，有一套比較嚴謹的處理程序。只有到梵蒂岡總教會接受過正式驅魔訓練的神父，才能為信徒驅魔。此外，並非每位請求驅魔的信徒都能收受這種儀式。有驅魔資格的神父必須先搜集證據，判定信徒不是因為身體、心理、醫療、以及生活環境方面所導致的「假著魔」，而是真正受到惡魔或撒旦的附身。在總教會收到證據且判定當事人是真正受到附身的情況後，驅魔神父才能在選定的教堂內為信徒驅魔。

14. 相關實例可參考 Durkheim1910: 450-455。

15. 在西方社會的新時代運動圈自二十世紀晚期開始即盛行以治療為主題的活動，而台灣社會也受到這股潮流的影響。

16. 內引文是筆者和當事人在二〇一四年十一月二十二至二十四日之間往來的書信訪談內容之摘譯。

17. 指二〇一四年十月。

18. 維拉里塔里族稱他們的薩滿巫師為 Marakame，意指靈性指導者。

19. 指培奧特。

20. 內引文是摘譯自筆者和當事人的電子郵件訪談內容（二〇一四年十一月二十六日）。

21. 筆者摘譯自 James 1982: 249-250。

22. 當事人說的這一句是出自《聖經．歌林多後書》5: 17。

23. 內引文是筆者和當事人的電子郵件訪談內容（二〇一四年十一月十九日）的摘譯。

24. 內引文是筆者和當事人的電子郵件訪談內容（二〇〇四年十一月二十二日至二十四日）的摘譯。

25. 筆者摘譯自 James 1982:104-105。

26. 筆者摘譯自 James 1982:220-221。

27. 這句經文是出自《聖經．約翰一書》5:12。

Day 05 Friday

星期五

當代世界的宗教

-Religion in Modern World-

活在人有可能成神和女神的社會裡，是一件嚴肅的事。要記得，你交談的人當中最乏味、最無趣的人，也許有一天會是——假如你現在看得見——你非常想要崇拜的對象。
——路益師（C. S. Lewis）

要是人認清一個事實，即每個人都是人類及人類大家庭的一份子，儘管在宗教、文化、膚色以及信念上有所不同，就能實現慈悲。本質上都沒有差別。
——達賴喇嘛（Dalai Lama）

多元宗教的時代——從實例與事件出發，了解今日宗教的現況

宗教和人類歷史一樣的久遠，我們知道遠古時代的社會或文化環境，完全不同於當代。當時人類需要的宗教形式、處理的宗教問題，也和我們的時代不一樣。

如果請你閉上眼睛一分鐘，想想近代的宗教新聞或事件，你腦海中會浮現什麼？

你是不是想到了伊斯蘭國（ISIS）那些殘忍的恐怖主義分子發動的一波波恐怖攻擊？或是羅馬天主教教宗方濟各的亞洲行，以及和不同宗教領袖間的對話？還是你想到中非的宗教暴亂？或者，你會想起台灣各種大大小小的宗教法會、廟會與慶典或是

宗教慈善與救助活動？

儘管讀者可能很關心當代世界的各種恐怖主義組織與行動，但在這裡，我們要強調：**恐怖主義的組織並不是宗教組織，恐怖主義的行為並不是宗教行為**。像塔利班政權以及伊斯蘭國這兩個以恐怖主義為基礎的組織，雖然自詡「奉真主阿拉之名」發起各種攻擊行動，很容易讓世人誤以為它們是伊斯蘭教的某一支教派，是宗教的行為，但是我們如果從星期一的章節中所提到的宗教幾個層面來分析，就會發現，恐怖主義的思想並不構成一套教義體系，因為它不但缺乏完整的世界觀，也沒有宗教經典的依據，而且恐怖主義的組織中，並沒有提供其追隨者一套「必須」與教義體系有關的宗教活動或宗教儀式，因此，恐怖主義與宗教組織無關。我們這裡要探討的當代宗教現象，也不包括恐怖主義的政治意識型態與相關現象。

但是從事宗教社會學的研究至今，各種與宗教相關的新聞報導，也時常讓我感嘆：好的宗教助人上天堂，不好的宗教害人落地獄[1]。為什麼這樣呢？就讓我們從一些宗教的悲劇談起吧！

重點Snapshot 恐怖主義的思想並不構成一套教義體系，因為它不但缺乏完整的世界觀，也沒有宗教經典的依據，而且恐怖主義的組織中，並沒有提供追隨者一套與教義體系有關的宗教活動或宗教儀式。

是宗教皈依還是宗教洗腦？

如果讀者查詢近代歷史上的宗教事件，或許會發現，負面的宗教新聞似乎多於正面的報導，大眾與媒體通常稱這些負面新聞的主角為「邪教」——因為參與這些「宗教」的結果，往往不是毀滅自己就是毀滅他人。從一九九〇年到二〇〇〇年這短短的十來年間，幾個國家相繼發生了好幾件大型的宗教悲劇，例如：一九九三年，美國大衛教派（Branch Davidians）的維科（Waco）圍城及集體縱火自焚事件、一九九四年，太陽聖殿團（Order of Solar Temple）分別在瑞士、法國與加拿大的集體謀殺與自殺事件、一九九五年，日本奧姆真理教（Aum Shinrinkyo）的地下鐵毒氣殺人事件、一九九七年，美國天堂之門（Heaven's Gate）的集體自殺事件、二〇〇〇年，肯亞恢復神的十誡運動（Movement for the Restoration of the Ten Commandments of God）的集體謀殺與屠殺教徒事件……

這些崇拜教團具有幾個共同特徵：教主的神才魅力[2]、信徒的完全奉獻、反社會的集體生活方式，以及末日說或千禧年主義（Millenarianism）的思想。

以下我們將簡單介紹幾個實際發生的宗教悲劇，透過這些事例的起源、過程和造成的傷亡，一起來了解造成悲劇的原因，並理解、檢討宗教與邪教的差別，了解改宗與宗教洗腦的差別。

教堂縱火與屠殺教徒事件：恢復神的十誡運動

二〇〇〇年三月十七日，在離肯亞的首都烏干達不遠的卡南古（Kanungu），一間教堂突然發出爆炸聲響並起火燃燒，造成五百多人死亡。當地警方一開始認為，這似乎是一樁事先預謀的縱火案，並猜測可能是個宗教集體的自殺事件，但隔天在與教會有關的其他地點，又陸續挖出三百多具教徒的屍體，死因不是刀傷就是上吊，而且死亡時間更早。警方在仔細調查後才發現，這並不是一樁宗教的集體自殺事件，而是有計畫的大屠殺，主事者竟然是最高教主本人。但為什麼宗教教主會下令殺害追隨他的信徒呢？

一九八〇年代開始，烏干達地區出現了一股新興宗教運動，產生了幾個持千禧年思想的崇拜教團，如亞坎宗教（Yakan Religion）和聖靈運動（Holy Spirit Movement）。當時當地的社會政經局勢動盪不安，且受到各種傳染疾病的威脅，這一類教派便吸引了許多對大環境感到極度不安的人加入，甚至奉獻財力物力給教主。

重點Snapshot 許多「邪教」的崇拜教團，都有相似的特徵：教主具有強烈的神才魅力、信徒完全追隨奉獻、採用反社會的集體方式生活，教義中帶有末日說或千禧年主義的思想。

訴求末日思想的「恢復神的十誡運動」，就是在這樣一股社會氛圍下於一九九四年於肯亞烏干達附近的卡南古興起。

這個崇拜教團的創辦人是包括四位神父和兩位修女在內，他們是一小群被羅馬天主教會開除的神職人員，還有一位據稱有通靈能力的「女先知」[3]，而大多數追隨者先前也都是羅馬天主教徒。他們相信，天主教會亟需改革，他們透過「女先知」直接通靈聖母瑪利亞以取得訊息並建立教規，也教導信徒，要恢復《聖經》中十誡原來的重要地位。教主約瑟夫．基布維特里（Joseph Kibweteere）則宣稱，他無意中聽到耶穌基督和聖母瑪利亞的對話，聖母說，人們若不開始密切遵循十誡，世界末日就要到來。

基布維特里起初預言一九九九年十二月三十一日是世界末日，並且要信徒相信，末日那一天就是他們上天堂之日。但是末日並沒有如期降臨，於是又改稱末日是隔年年底，也就是二〇〇〇年十二月三十一日。他還告訴信徒，聖母將會在三月十七日臨現，帶大家上天堂去。

據說，信徒們在末日來臨的前一天紛紛向親友告別，並且聚會慶祝[4]。而三月十七日當天，信徒們進入教堂唱歌禱告，幾個小時後，裡面就傳來爆炸聲響與人群的尖叫聲，接著整棟建築物起火燃燒。相關報導指出，起火前有目擊者聞到瓦斯味，而後來的調查發現，教堂的所有窗戶已事先密封，門和出口也都有釘封的痕跡，而且教主本人與女先知在這起事件發生之前已經逃匿無蹤。

當地警方在對整起事件調查後發現，那些在「末日」來臨前已經遇害的三百多位教徒，可能是因為對教主的末日預言起疑，並且要求教會退還他們在入教時被要求奉獻的財產，因而遭到殺害。

毒氣殺人事件：奧姆真理教

一九九五年三月二十日，星期一的早晨，交通尖鋒時間，在日本東京地區行駛中的四條地鐵不同車廂內，幾乎同一時間竄出不名氣體與異味，結果造成四千多人受傷，十二人死亡[5]。這起事件是日本歷史上第一次大型的沙林毒氣攻擊事件。警方調查後發現，在東京地鐵車廂內施放毒氣者一共有五個人，他們全都是一個稱為「奧姆真理教」（以下簡稱奧姆教）的信徒。此外，其他地區的放毒事件[6]，也都是這個崇拜教團所為。

奧姆教原名奧姆神仙會（Aum shinsen-no-kai），是一九八六年在日本興起的一

重點Snapshot 當社會政經情勢極度不安，外在生存環境受到如傳染疾病的威脅時，對大環境恐懼或企圖尋求保護的人，容易受宗教的吸引。

個新興崇拜教團[7]，其教義與修行方式基本上是片面截取道教、印度教、佛教以及占星學等數種宗教與術數而成的大雜燴。教主麻原彰晃（Matsumoto Chizuo）[8]本名松本智清夫（Asahara Shoko），他在創立奧姆教之前，以針灸、推拿按摩為業，曾經接觸過瑜珈、佛教、道教，並且嚮往神通能力。有一段時間還是阿含宗（Agon Shu）[9]的信徒。

在改名為奧姆真理教後，麻原彰晃藉著拜訪達賴喇嘛和幾位西藏領袖，並走訪斯理蘭卡等幾次行旅的方式，逐漸建立起他的宗教力量與權威，甚至進一步宣稱自己是印度教濕婆神的化身，宣告自己有先知的預言能力，也強調個人的絕對權威。九〇年代初期，信徒更開始使用類似對羅馬天主教教宗或達賴喇嘛的敬稱「尊者」或「閣下」（His Holiness）來稱呼麻原彰晃。此時期奧姆教的教義也逐漸呈現出基要主義（Fundamentalism）與末日主義的色彩，並且有參與政治的活動與野心[10]。其實在奧姆教創教初期，麻原彰晃的思想就已經顯露出扭曲的宗教暴力思想，他認為信徒若聽教主指示而把某人殺死，只是在行天道。這樣的思想更進一步展現在他於九〇年代中期反社會道德的極端言論裡[11]。

奧姆教[12]的信徒多數是年輕人，其中有許多人是生化領域的科學人才。但是這些年輕人的入教動機就和一般新興宗教信徒一樣，通常是對於社會現狀以及對自己生活情況不滿，但無法在既有的宗教管道裡尋求答案，當他們發現一個「新的宗教」以及具神才魅力的教主能帶給他們比較容易理解的教義、簡單的修行方法，以及對人生意義的解答之後，便深受吸引，進而追隨。麻原彰晃也利用信徒這種崇拜的心理，灌輸信徒必須絕對聽從教主指示才能得到開悟與救贖的信奉態度。麻原彰晃曾幾次發表他先知般的預言，甚至宣告人類的末日就要來臨，只有信奉奧姆教的人才能存活下來。當他告訴信徒，為了迎接新的「超人類」即將創生的新世界和平時代，信徒必須聽他的指示，建造一個可以容納一、兩千人的避難所並且集體生活時，信徒就像機器人一樣聽命行事。

在東京地鐵毒氣事件發生後，日本警方花了幾個月時間持續進行調查，期間逮捕了約四百位信徒，其中四十一位犯有殺人罪。在事件發生近兩個月之後，日本警方先於一九九五年五月十六日逮補到教主麻原彰晃，而其他共犯則在事件發生後逃亡。麻原彰晃在二〇〇六年被判決死刑且不得上訴，而其他在逃共犯[13]也先後被日本警方逮捕，最後一人於二〇一二年落網。

重點Snapshot 奧姆教的信徒多數是年輕人，入教動機通常是對社會現狀和自己生活情況不滿，但無法在既有的宗教管道裡尋求答案。當新的宗教以及具神才魅力的教主能帶給他們比較容易理解的教義和簡單的修行方法時，就深受吸引。

集體自殺事件：天堂之門

一九九七年三月二十六日，美國發生了一起宗教的集體自殺事件，一個稱為「天堂之門」的崇拜教團，包含教主在內一共三十九位成員，以服毒的方式集體自殺。自殺現場的遺體排列整齊，全身上下都穿著同款的黑衣、黑鞋。

天堂之門是由馬歇・艾波懷特（Marshall Applewhite, 1931-1997）與邦妮・耐特（Bonnie Nettles, 1927-1985）共同創立。艾波懷特是在長老教會的家庭信仰環境中長大，他在一九七二年遇到耐特並建立關係之前，曾經有過一段婚姻[14]。耐特成長於浸信會的家庭信仰中，但是後來傾向於神智學會的信仰並接觸通靈。他們相信兩人的相遇是神的安排，是《聖經》預言的實現。

兩人在一起六個月之後，一九七三年八月十一日，他們更進一步宣告自己就是《聖經・啟示錄》中的「兩位見證人」[15]，並決定要開始「傳教」。他們租車到加拿大旅行，行經各個教堂時，就在大門上張貼公告，宣布他們的見證人身分。但由於他們的旅行開銷是耐特以盜刷他人信用卡的方式支付，不久就被警方發現並逮補，進了監獄服刑六個月。而艾波懷特在坐牢期間發展出天堂之門關於幽浮、太空旅行、境外世界等這些「比人類更高層次」（next level above human）的教義思想。

兩人出獄後，深信他們的使命是宣揚一套宗教理念：他們是來自外太空的成員，幾個月內就會離開人類，乘著一艘幽浮太空船，回到那個更高演化階段的世界。接著，他們分別在美國及加拿大總共召開了約一百三十場的集會，演講訊息吸引了一些追隨者，加入成為「機組人員」。一九七五年，在天堂之門的全盛時期，約有兩百三十多位信徒。但是由於他們要求追隨者必須完全奉獻，不但要使用新的名字，也要遵守嚴格反社會且與世隔絕的集體禁欲主義生活，不久就流失約莫一半的信徒。

此時已分別改名為提（Ti）和度（Do）的艾波懷特與耐特，共同領導天堂之門，直到耐特於一九八五年因癌症過世為止，才成為一人領導的局面。艾波懷特告訴信徒，耐特只是放棄她在這個塵世的身體，回到更高層次，在那裡等候與大家重聚。

這個崇拜教團在發展過程中陸續流失信徒，也曾改過次幾次名稱。一九九二年開始，天堂之門以「完全得勝者」（Total Overcomers Anonymous）為名，陸續多次在媒體刊登廣告，宣稱這是最後一次呼叫，要找回「迷失的羊」。此舉找回了約二十位的「前信徒」再度入信[16]。由於該崇拜教團不斷宣揚「世界很快就要毀滅」、「這是人類進化到下一個階段的最後機會」等末日訊息，導致最後終於發生集體自殺的悲劇。

重點Snapshot 「自殺式團體」的幾個特徵：完全排斥異己、成員要完全奉獻、對於外來威脅感到恐慌、與大社會隔絕、領袖面臨死亡、缺乏繼承人、團體的發展停滯或衰退。

這場自殺慘案是發生在天堂之門成員承租，並集體生活的一間大宅院裡，位於加州聖地牙哥市北邊約三十哩處。他們相信一九九七年的海爾波普慧星（Comet Hale-Bopp）是一艘載有外星人的太空船，所以密切注意有關這顆慧星的動態消息。他們預先錄製告別的影片，為這場「轉換」做好了準備。然後在同年三月的第三個星期，完成了計畫好的這場集體自殺行動。

前述日本奧姆教吸引的是年輕人，天堂之門的成員卻多為中年人，平均年紀為四十七歲。天堂之門具有所謂「自殺式團體」（Suicidal Group）的幾個特徵：完全排斥異己、成員要完全奉獻、對於外來威脅感到恐慌、與大社會隔絕、領袖面臨死亡[17]、缺乏繼承人、團體的發展停滯或衰退[18]。在天堂之門的集體自殺事件中，有一位成員倖存下來，但是在隔年（一九九八）企圖自殺並且成功。他在遺書中表示，自己是追隨其他成員進化到下一個階段。這個崇拜教團在最後一位成員自殺後，等於完全消失。

在台灣社會，雖然從未有過如前述這些崇拜教團造成的宗教悲劇，但是發生在一九九六年的宋七力事件[19]，也讓我們看到，假宗教或超能力的名義，行欺騙信徒財物之實的宗教斂財現象。讀者或許不禁會想：為什麼會有人聽信這些「邪教」的教主，進而做出傷天害理的行為呢？參加這些「邪教」的人，是不是都被洗腦了呢？此處我們必須要談談前一章提到的皈依或改宗（以下通稱改宗），以及洗腦（Brainwashing）的概念。

改宗與洗腦

宗教中所謂的「改宗」，是指人的世界觀經歷變化的過程，通常指決定成為某個宗教的信徒，或是離開某一個宗教，加入另一個宗教的轉變歷程。除非當事人經歷極重大的生命事件，突然改變世界觀，否則這種轉變通常需要一段時間才會逐漸完成。

一般宗教組織都有一套接納新信徒的入信儀式，如基督宗教的受洗、佛教的皈依三寶等。信徒在出於自願的情況下，透過正式的儀式，成為某個宗教團體的一份子，然後在持續參與宗教內各種活動的過程中，學習教義與儀式，進而內化該宗教的世界觀，這也就是宗教的社會化過程。

「洗腦」原本是社會心理學研究中的專有名詞，指人在非自願的情況下接受某種思想體系，如特定的世界觀或某種行為模式的過程。而宗教洗腦這個概念的出現，一開始總是與新興宗教運動連結在一起，認為參與新興宗教的人是受到教主的思想控制，在非自願情況下受到該宗教團體的洗腦。然而，我們在星期二的章節，討論宗教

重點Snapshot 宗教中所謂的「改宗」，是指人的世界觀經歷變化的過程，通常指決定成為某個宗教的信徒，或是離開某一個宗教，加入另一個宗教的轉變歷程。

的發展過程時曾提到，大部分的宗教組織在歷史上剛開始出現的時候，都是新的宗教，所以把宗教洗腦和新興宗教兩者之間畫上等號或強行連結在一起，其實是「錯誤」或帶有「偏見」的常識（common sense）說法。

可是，為什麼會有這樣的想法出現呢？回想歷史上許多宗教事件，人們通常首先想到的，都是一些負面的宗教新聞，就如本章一開始時所談的那些宗教悲劇，這些悲劇不但對社會及信徒造成傷害，也更強化了原來就反對新興宗教的人士的主張，再加上一般大眾媒體也喜歡把新興宗教的現象「神祕化」，因此在宗教的社會發展過程中，宗教洗腦一詞就逐漸與新興宗教「掛鉤」。

從改宗和洗腦的異同對照表，我們可以清楚看出改宗和洗腦在各方面的差異性，藉此，也可讓讀者判斷先前所介紹的恢復神的十誡運動、奧姆教與天堂之門三個崇拜教團事件，究竟是改宗或是洗腦。

首先，改宗是從社會學的角度來看一個人如何成為某個宗教的信徒，或是從某個宗教的信徒改信為另一個宗教信徒的過程；而洗腦則是採借社會心理學的解釋，認為人是受到某個新興宗教領袖的思想控制情況下成為信徒。大眾媒體與反新興宗教人士通常傾向接受後者的看法。

	改宗（Conversion）	洗腦（Brainwashing）
立場	社會學的觀點	1. 大眾媒體與反新興宗教人士的觀點 2. 社會心理學的概念
轉變的內容	涉及世界觀的轉變	涉及世界觀的轉變
自願與否	自願的宗教社會化過程	非自願的宗教社會化過程
控制的範圍	非全面控制	全面控制

改宗和洗腦的異同對照表

其次，改宗和洗腦有一個共通點，那就是兩者都涉及當事人世界觀的轉變。雖然根據現有資料，我們無法判斷，恢復神的十誡運動信徒在進入教堂之前，是否知道教堂將會起火燃燒，所有人將會「同歸於盡」？但奧姆教和天堂之門的信徒都相信教團灌輸的末日思想，所以最後才會奉行教主的指示去殺人或自殺。

再者，改宗強調是信徒隨著自願入信而來的宗教社會化，但洗腦則是指信徒在非自願的情況下，被強迫接受一套新思想，可說是非自願的宗教社會化。由此判斷，前面這三個崇拜教團的信徒，一開始都是主動受到教主個人魅力或教義的吸引而展開追隨，並不是受到非自願的思想控制。

最後，改宗的信徒在信仰過程中，依然保有自己的各種社會關係與生活，不會受到所屬宗教的全

重點Snapshot 負面的宗教新聞，不但對社會及信徒造成傷害，也強化了原來就反對新興宗教之人的主張。而一般大眾媒體喜歡把新興宗教的現象「神祕化」，因此宗教洗腦一詞逐漸與新興宗教畫上等號。

面控制。然而洗腦則是信徒受到所屬宗教的全面控制。從這裡我們可以看出，這三個崇拜教團的例子都屬於洗腦的情況，因為信徒在追隨教主之後，都受到教團某種程度的「全面控制」：他們必須放棄原有的社會生活方式，離開自己的家庭與人際網絡，甚至把自己的財產奉獻給教團，過著一種與世隔絕的集體生活。

宗教與社會參與

儘管有前述這些宗教悲劇，但我們應該有個共識：大部分的宗教對於社會與信徒還是有好的影響，具有正向的社會功能。一般而言，宗教在當代世界的社會參與類型主要分為慈善活動與文化活動兩種。如果細心留意社會或生活周遭的事物，你一定會發現許多文化活動如藝文活動、學術交流活動或是教育活動的主辦單位、贊助單位都是宗教團體或宗教所屬的基金會。

宗教與慈善活動之間，之所以具有密切關係，是因為在宗教價值觀中，「利他思想」是很重要的一環，而在社會中利他思想的「顯化」方式當然就表現在各種慈善活動上，這方面的例子可說不勝枚舉，而各種宗教團體在「集集大地震」（又稱九二一大地震，以下簡稱九二一震災）期間[20]的救援與重建事蹟，可說是台灣社會史上少見的宗教的集體慈善壯舉。

宗教團體參與社會救援：以九二一震災為例

發生在一九九九年九月二十一日凌晨一點四十七分的大地震，規模達到七．三，不但是台灣本島百年史上最大規模的地震，更造成重大的傷亡與建物毀損[21]。包括筆者在內，親身經歷過這場地震的人，至今可能仍記憶猶新；而對於地震的受災戶來說，在災後數年間，所要面對的是一段辛苦的身心靈煎熬與重建歷程。這段歷史也讓我們看到，當一個由上而下的領導結構與官僚系統無法有效因應救災的情況下，各種民間團體如何適時彌補了政府的不足之處——除了參與災區的重建工作之外，也適時地照顧並撫慰災民的身、心、靈，其中尤以宗教團體的力量最為顯著。

在捐款方面，當時為九二一震災發起募款的民間團體一共有兩百一十五個，分屬七類[22]，其中三十一個是宗教團體，其募款總額約為六十八億元，就佔了所有相關民間團體募款總額（一四八．五一億元）的四六％。這個現象顯示，民眾在捐款賑災時，比較傾向於捐款給宗教團體，這可能是因為民眾對於宗教團體的信任感較高，也

重點Snapshot 宗教與慈善活動之間，之所以具有密切關係，是因為在宗教價值觀中，「利他思想」是很重要的一環，而在社會中利他思想的「顯化」方式就表現在各種慈善活動上。

可能意味著民眾的慈善意識在某種程度上與宗教連結在一起。

總括來看，當時參與募款的宗教團體並不局限於某一類的宗教，這也反映出台灣社會宗教多元化的局面。觀察宗教團體的賑災行動，我們發現，從民間信仰、佛教、道教、基督宗教，再到新興宗教等，都主動投入了九二一震災的社會救援工作。那麼當時宗教團體為這場震災做了什麼呢？基本上，宗教團體在震災期間發起與協助的社會救援工作，包括了緊急安置、救援與重建三個階段。

緊急安置與救援

九二一震災發生的一個月內是緊急安置階段，當時的宗教團體主要把重心放在搶救生者以及處理罹難者喪葬等事宜。當時一些佛教、基督宗教等團體，因為在重災地區早已有分支機構，因此立即成為物資集散點，也能順利動員人力與物力進行救濟。一些宗教團體透過提供食物、物資、臨時避難處，如帳篷或貨櫃屋，以及醫療、陪伴、收驚與灑淨等方式，協助生者安定身心；並提供冷凍冰櫃、殯葬用品、臨時靈堂，以及助唸與做法事等方式來處理罹難者的喪葬事宜。

其中有一個特別的現象就是，當不同宗教團體[23]同時為災民提供熱食服務時，還形成了一種另類的宗教「對話與合作」的局面。例如，當時筆者在訪談一位佛光山的法師時，她就分享自己在東勢救災時所見：

我在東勢河濱公園的時候，河濱公園它很大，那時候就有幾個單位在那裡，像中台山他們的工作就是煮三餐給大家吃，還有一貫道的也在那裡，事實上這動員了很多宗教團體……他們都在那裡煮三餐給大家吃。你如果說宗教團體結合得怎麼樣，那就是像我們吃飯都到那邊去吃。我記得那時候還有佛學院，佛學院有幾百個學生，我們那裡有的法師就帶學生去，佛學院有的還有像妳這樣在家居士，他們洗澡都到河裡面去洗，河濱公園旁邊的河流。如果說結合的話，(就是)大家一起共事這樣的工作，「我煮飯給你們吃，你們認真去救災(台語)。」……中台山啊！就在那裡煮飯給大家吃，然後我們就出去救災，這樣子(笑)。

在緊急救援階段，有醫療體系的宗教團體如慈濟、天主教會、行天宮、朝天宮等，都動員醫療資源到災區服務。但是除了醫療資源及志工陪伴之外，收驚與灑淨儀式也是宗教能為災民提供莫大幫助的一種獨有做法。當時一些從事收驚的個人從業者以及屬於道教系統的高雄文化院師生都集體到災區，為居民收驚，而佛光山的雲水佛車則定時在災區巡迴灑淨，以宗教獨有的方式為居民收驚、消災與祈福。

重點Snapshot 宗教在當代世界的社會參與類型，主要分為慈善活動與文化活動兩種。

當時人們對宗教慰藉的需求，就如指揮救災的朝天宮媽祖醫療隊人員在訪談中所言，災民們對媽祖神像的需要，甚至比醫療還重要：

九二一大地震之後，我說啦，醫心比醫他們的病好，怎麼說呢？我們媽祖醫院的醫療車第三天就出去。災區的民眾看到兩個媽祖（指車上放的兩尊媽祖神像），我們那是媽祖醫院的醫療車。看到兩個媽祖，都圍上來要拜媽祖，其實他們不是要來看病的。第二天他們回來（指醫療車的工作人員），就說很多人要來拜媽祖，我說好，明天把媽祖帶出去，平安符、香包也帶出去。結果大部分人來不是要看病，是要來拜媽祖，要來拿平安符與香包。我說像這樣沒關係，醫他們的心最重要。……災區的巡迴醫療我們繼續了兩、三個月。

❂居住與心靈的重建

到了安置階段，資源相對而言比較充裕的幾個宗教團體，如長老教會、世界展望會、真佛宗雷藏寺、慈濟、佛光山等，繼續協助安置在震災中失去住屋的災民。他們為災民搭建組合屋或貨櫃屋，以集中或分散的方式來進行安置。

宗教團體選定災區幾處具有適當土地面積的地點，搭建組合屋社區，讓來自鄰近各區的受災戶集中住在同一個社區裡，屬於集中式安置，例如世界展望會在中部八個鄉鎮的原住民地區協助興建了七一七戶組合屋，慈濟協助興建了十八個大愛村社區，共一七四一戶，而佛光山協助興建了四個佛光村社區，總共一七九戶。

分散式安置則是宗教團體針對受災戶原先居住的地理位置，原地或就近搭建組合屋，供其居住，讓當事人的生活與就業情況不至於因為搬遷而中斷或受到影響。例如長老教會與真佛宗雷藏寺分別提供二〇〇戶以及十二戶災民的分散式安置。

在九二一震災的重建階段，宗教團體也投入災區的社區與心靈兩方面的重建工作。在社區重建上，慈濟的「希望工程計畫」，即協助重建教育部所列的一四〇間需要民間團體協助重建的災區中小學校中的五十間。事實上，慈濟援助重建的學校數目並非一開始就決定，而是隨著時間陸續增加。當時兩位慈濟救災工作的負責人員，在與筆者訪談過程中說明了認養學校的緣由與過程：

受訪者A：我記得那時候我們在認養學校的時候，……在災區跑學校，然後，那時候好像挑了二十幾家，我記得那時候教育部開出來的名單有二十七、八家，那……我們是每一間學校都去跑，都去評估，……很多救援團體都開始在看它能夠主力多少，去做希望工程的一個重建。那我們去看，其實我們心裡在想，哇！這麼大一片到

重點Snapshot　台灣的各宗教團體在九二一震災後參與救援和重建的過程，是台灣社會史上少見的宗教集體壯舉，適時彌補政府的不足，撫慰災民的身心靈。

底怎麼去選，後來副總就說，我們是不是把一些小的學校先挑起來（笑）……我們師父就說：「卡大間的給它撿起來啦（台語）！」（笑）……那第二個就是偏遠地區的、就是山上的學校不要選，……我在想，她已經洞見未來的一個方向、一個問題。她說，以後這些山上的學校要慢慢的陸續往下遷，你看現在的土石流問題。然後她說要選那個大的（指規模較大，學生數較多的學校）……。那大家一看（笑），那麼多學校，那麼多錢！可是師父說：「這咱不撿，誰要……誰要建（台語）？」那時候……（協助重建學校的）錢從哪裡來？師父說：「沒關係，阮來存存起來（台語）！」……那第一次發撥是多少（A問受訪者B）？

受訪者B：二十四間。

受訪者A：就這樣子一夜之間，我們評估完之後回來，第二天就傳真到教育部說我們要重建這些學校，然後大家都……肩膀都好重喔（笑）！這麼多學校，然後……

受訪者B：趕快回來，趕快回來募款（笑）！

慈濟協助災區重建的工作在二〇〇四年告一段落。而援助重建災區的中小學校一共有五十二間，使用的經費佔慈濟投入援助災區的總經費之七九％。

其他宗教團體協助災區的社區重建工作，包括：世界展望會以「九二一原鄉重建專案」進行災區的兒童關顧工作；天主教與長老教會則與南投縣政府合作，以認養「家庭支援中心」的方式，協助重建災民的生活；還有宗教團體協助其他的宗教團體，如佛光山、長老教會及天主教博愛基金會等單位投入，修建災區內某些受到破壞的寺廟與教會建築。

此外，不同的宗教團體有不同的協助重建方式，而協助的地區也有地理位置上的區隔，如基督宗教團體的工作，主要以長期協助原住民地區的災區重建以及照顧原住民、兒童、婦女與老人等弱勢族群為主，而佛教團體則以長期協助平地地區的災區重建為主，另外民間寺廟則以選點的方式，逢年過節提供慰問以及定期的法會祈福。

在心靈重建上，許多宗教團體如法鼓山與長老教會都投入心理輔導的人力，長期協助關懷災民的心理創傷。但是宗教在協助災民們心靈重建最重要的影響力量，就是以其信仰觀念提出對地震災害的詮釋，讓受到創傷的民眾能夠重建生命觀。在這方面，佛教、基督宗教以及民間信仰都為信徒提供了詮釋。

基督教從苦難的意義出發，提醒信徒與社會大眾，要體會苦難的意義並幫助受苦的民眾，同時相信，神無時無刻都與受苦的民眾同在，祂是和我們一同流淚、一同背負重擔的神。

重點Snapshot 宗教在協助災民們心靈重建最重要的影響力量，就是以其信仰觀念提出對地震災害的詮釋，讓身心受創的民眾，重建生命觀。

民間信仰則要信徒們相信，震災雖是一種難逃的劫數，但是因為台灣民眾有拜神，神明有保佑，才讓災害的損失降到最低。

佛教從業報的角度出發來談地震，但是不停留在業報的觀念，而是賦予苦難以正面、積極的意義；當時法鼓山聖嚴法師說的一段話，正是此種觀念的代表：

在這次震災中，受苦受難的都是菩薩的化身，他們用自己寶貴的生命當作教材，向人們示現這世界由於人心的貪婪、無知，卻帶給人類無窮盡的災難。……這災難是我們共同造的共業，而他們就在這共業中變成了我們的代表。……他們代表了我們，奉獻了他們自己，所以我們要感恩這一些罹難的菩薩們，救了我們以及我們的後代。我們對於罹難者的家屬，也要致敬、感恩，他們都是大菩薩，因為他們要承受失去親人的悲傷。……當遇到任何狀況的時候，要向正面去思考，……去面對、承受、處理並放下所遭遇的困境。[24]

宗教與社會的互動結果

我們從以上簡短介紹各宗教團體在九二一震災期間的各種救援工作，可以發現當時宗教團體對於台灣社會的貢獻。但是這樣的社會參與並非單方面的過程，有些宗教團體在協助救災、參與重建過程中，也有活動擴張的情形，並且認為九二一震災事件影響了其組織或組織的社會參與方式，這就是宗教與社會的互動結果。一方面，宗教團體動員了各種資源，為災區及災民提供救援與重建，另一方面，九二一震災也影響了宗教團體在組織發展及社會參與上的變化，其中如世界展望會、基督長老教會，以及佛教團體如慈濟及法鼓山等等，變化較為明顯。

在九二一震災之前，世界展望會在台灣主要從事原住民地區的服務，震災發生後，展望會以「原鄉重建專案」方式，在中部災區五個地點分別成立中心，其中信義、和平及仁愛鄉的受助對象是原住民受災戶，而南投縣與台中縣則以協助平地居民為主。九二一震災讓展望會的服務對象不再只限於原住民地區，而開始納入平地的事工，顯示其社會參與的範圍因此擴大。

而九二一震災對長老教會的影響，則是給予這個教會宣教的契機。長老教會的社會參與一向以醫療、教育以及關心政治脈動為主。震災發生之後，長老教會動員其所有的資源，在災區成立十七個關懷站，而在協助災區重建的過程中，它們發現關懷站的設立不但可以協助當地居民，也幫助教會了解要如何才能夠與社區建立關係，同時

重點Snapshot 基督教從苦難的意義出發，提醒信徒與社會大眾，要體會苦難的意義並幫助受苦的民眾；民間信仰則要信徒們相信，震災雖是在劫難逃的劫數；佛教從業報的角度出發談地震，但賦予苦難以正面、積極的意義。

反省過去教會在宣教方式與意義上的限制：

九二一以前，當地的教會和社區都有一個距離……那個距離是宗教上的，「那是基督教的，我們不信基督教，我們也不去教堂」。九二一以後，他們不會分基督教，那是我們一個關懷的中心，活動中心，比較不一樣，而且這也是基督教宣教的時候要去突破，所以相對也帶給我們一種宣教的省思，讓教會把圍牆打開[24]。

長老教會把救災重建工作與宣教結合，讓教會與信仰真正走入社區，無疑是震災經驗對其社會參與方式的一種影響結果。至於震災對於佛教團體的影響是什麼？對於人間佛教取向的團體，如佛光山、法鼓山、慈濟、靈鷲山、中台山、香光寺等等，由於原本就積極從事社會的淨化、關懷、教育等社會參與方式，震災發生後，這些佛教團體多根據其所能動員的資源，投入救災與重建工作，但是我們看到比較具體的影響或變化，則有三點。

☼ 賑災影響宗教組織體系、擴大社會參與

首先，法鼓山決定將緊急救助納入其社會參與的一環。九二一震災發生之前，法鼓山並沒有參與實地救難的經驗，只提供金錢救濟方面的急難救助。而震災之後，由

於聖嚴法師預見社會的人心重建將是長期救援目標，在災區設立四個安心服務站，開始從事人心重建工作一段時間後，又發現緊急救難系統在社會中的重要性，乃決定在其組織內建立緊急救援系統並招募安心義工，可以說是九二一震災帶給法鼓山在組織體系與社會參與方面的影響。

☼ 宗教團體參照「慈濟經驗」調整組織目標

其次，慈濟的社會參與方式成為其他宗教團體的評比對象與標準。

這一方面是因為，向來以救災為社會參與方式之一的慈濟，有比較成熟的動員體系與救災工作模式，導致大眾媒體常以慈濟為報導焦點，間接也成為其他宗教團體的關注焦點；另一方面，在救災過程中，各宗教團體與慈濟有實際互動的接觸，讓有些團體覺得可以參照慈濟的經驗來發展或調整自己組織的目標。

☼ 宗教團體的影響力深入社會底層

長期以救災為主要社會參與方式之一的慈濟，在九二一震災中所動員的資源，確實居各宗教團體之冠。最主要是因為認養重建災區中、小學校的希望工程，需要投入

重點Snapshot 震災後，各宗教團體投入救災的同時，也受到行動影響，調整組織體系，擴大社會參與，參照「慈濟經驗」調整組織目標，其影響力逐漸深入社會底層。

龐大經費，而這是大部分宗教團體所無法提供的資源。但是投入希望工程也為慈濟體系帶來另一種「收穫」，那就是讓原本就注重教育的慈濟，因此有機會能把觸角與影響力擴及到中、小學校園中。這或許是當初宗教參與救災的另一種「非預期結果」。

在當代世界中，宗教參與社會的方式有很多種，而九二一震災期間各宗教團體協助救災與重建的經驗，讓我們看到，宗教的觸角與影響力不只在寺廟或教堂裡，也不只是在信徒之間，而是深入到更大的社會生活脈絡裡。

宗教對話與宗教寬容

當代世界是一個全球化的世界，各種傳播科技工具的發明與應用，使得在世界某個角落裡發生的事，能立即甚至同步在世界各地傳播開來。因此，除非是一個中央集權並且嚴格控制言論自由的社會，否則透過網路與科技，人人都能輕易的取得在自己國家與社會之外的其他地區的訊息。科技的進步，除了使不同政治、文化與社會體系之間的往來或交流變得頻繁之外，個人的地理流動範圍也跟著擴大，在宗教上，也出現越來越多的宗教或信仰對話[26]（Inter-Religious or Inter-Faith Dialogue）。

宗教對話

「宗教對話」是指不同信仰的人以互相理解與尊重為基礎所進行的互動，包括個人層次的對話與集體層次的對話，其形式可以是正式，也可以是非正式的。例如若一位穆斯林與一位基督徒，彼此抱著「願意了解對方的宗教信仰與經驗，和我個人的宗教信仰與經驗有何差異」的想法來進行對話與互動，那麼這就是一種個人層次的宗教對話。

個人層次的宗教對話可以在任何時間、任何地點發生，比如在自己的社區或工作場合，和來自不同信仰的鄰居或同事談論宗教時，以尊重和理解的態度，來了解彼此的信仰與經驗。

集體層次的宗教對話可以是某個宗教的代表和另一個宗教的代表進行對話與互動，或透過某個宗教團體參訪另一個宗教團體而達成。宗教對話也可以是兩個以上宗教之間的溝通與互動，不局限於一對一的情況。

宗教對話的目標，並不是要讓對方改信自己的宗教，也不是要找出共同的信仰，而是希望能夠藉由口頭對話或雙方的交流活動，增進彼此的了解與互相信任，開啟相

重點Snapshot 宗教對話是指不同信仰的人，以互相理解與尊重為基礎所進行的互動，包括個人層次的對話與集體層次的對話，其形式可以是正式，也可以是非正式的。

互合作的可能性。

宗教對話的種類27通常包括：神學的對話或論述、宗教經驗的對話、共同行動的對話、生活的對話。

✡神學的對話或論述

神學的對話或論述是指在專家學者、神職人員與宗教團體的領袖等之間進行的對話，這個層次的對話除了有助於澄清宗教之間的誤解或是偏見，並可幫助發展出不同宗教團體之間的實質合作，增進另外兩種宗教對話的產生。

舉世尊敬的達賴喇嘛，多年來在世界各地與不同宗教領袖以及政治領袖進行過無數次的宗教對話，就是神學對話或論述的最好例子。羅馬天主教會教宗方濟各的亞洲行，與來自不同國家的不同宗教團體領袖、代表會面交談，也是一例。台灣社會也經常有神學對話或論述的宗教對話，令人印象深刻的是，二〇〇八年單國璽樞機主教與聖嚴法師之間的一場對談，當時兩人針對生死、疾病等話題，分享了從各自宗教出發的看法。

宗教經驗的對話

宗教經驗的對話是指跨信仰的集體宗教活動，例如跨宗教的禱告會、祈福法會等等。這種活動，通常會使用雙方都接受的禱詞[28]或是靜默方式。

共同行動的宗教對話

共同行動的宗教對話是指不同宗教信仰的人或團體，致力於某個共同目標，例如為追求世界和平、人權、自由、社會公義等普世價值而採取共同行動。二〇〇三年英國史上最大的一場反戰遊行「停戰」（Stop War）中，除了各種不同的社會團體之外，也有許多不同的宗教團體參加，就是一個共同行動的宗教對話範例。

生活的對話

對一般社會大眾來說，最有機會接觸到的宗教對話層面，莫過於生活的對話。這是指人努力以開放與友善的態度，在日常生活中與不同信仰的人和諧與和平相處。生活的對話，不需要專家或神職人員的引導或介入，每個人在日常生活中就可以實踐，

重點Snapshot 宗教對話的目標，不是要讓對方改信宗教，也不是要找出共同的信仰，而是希望藉由口頭對話或雙方的交流活動，增進彼此了解與互相信任，開啟相互合作的可能性。

但是它需要許多的「努力」。

為什麼這樣說呢？

如果我們能夠仔細檢視一下自己的價值觀以及既有思想中對於各個宗教的看法，可能會發現，我們經常帶著各種刻板印象來看待其他宗教人士。例如許多人認為，佛教法師一定要出家，一定要吃素、剃光頭，要禁欲不能結婚，不可以過著像平常人一樣的生活等等。如果剛好有機會遇到一個行為表現不符合於腦袋裡的出家人形象，第一個反應就是批評，卻沒有想到，是否應該要先去認識對方，了解對方的宗教信仰內涵或其信仰的佛教傳承體系是哪一派等等問題。

為什麼我們應該先要去認識或了解這些問題？因為如果讀者接觸過日本佛教或西藏佛教僧侶，就會知道，所謂的出家、禁欲與不可結婚、素食等等戒律，都只是某一支佛教的表現形式而已。同理，對於基督徒、穆斯林、道教徒、靈修人士……你是不是心裡也有某種在社會化過程中學得的刻板印象？在生活中，當我們在實際接觸不同宗教人士時，若能稟持生活的對話這樣的宗教對話態度，伸出友誼的手，展現友善的態度，相信必能從與對方的互動當中有所學習與領會，自己的生命與眼界也會因此更加開闊。

宗教寬容

生活的對話也令人聯想到當代世界的另一個宗教議題，那就是「宗教寬容」（Religious Tolerance）。在當代多元化的社會裡，我們在日常生活互動中，經常有機會遇到來自不同族群、不同文化、不同信仰背景的人。對於非我族類者，人可以展現多大的包容性？這是每個人都應該反省的問題。

所謂的寬容是指，對於和自己有不同性向、不同文化、不同宗教理念或信仰者，可以表示不同意，但是不以抨擊、勢力或強迫的方式去改變它。

在宗教寬容上，人可以不贊同和自己不同的信仰或實踐方式，但是不用言語或行動去想改變或傷害對方。宗教寬容一詞雖然好像只是關於信仰的問題，但其實已涉及人權議題。與宗教寬容相對的詞彙是「宗教不寬容」，表現出來的行為就是衝突甚至仇恨（hatred）。

台灣社會大致上是個不同宗教可以共榮共存的局面，但有時仍可見到一些不寬容的情況發生，例如有些保守主義的基督教團體對於同志與同志婚姻的排斥與抨擊，就是一例。

重點Snapshot 生活的對話是指人努力以開放與友善的態度，在日常生活中與不同信仰的人和諧、和平相處。不需要專家或神職人員的引導或介入，每個人在日常生活中就可以實踐。

再如美國是一個多元化的社會，當初來自不同國家、不同文化、不同族群的移民來到這個「新世界」，構築他們的「美國夢」，最後形成了今日的國家，而多元化的現象也表現在宗教信仰上，所以宗教寬容是一個非常受到重視的議題。

例如二〇一四年，美國於耶誕節期間推出的三大宗教郵票，正是一種宗教寬容的表現。

此外，從本頁所附的照片中可以看到，美國康州史坦福市區中的某個基督教堂建築，在耶誕節期間，於教堂正門口高掛代表同志象徵的彩虹旗，而前方草坪上，同時豎立一棵巨型耶誕樹以及代表猶太教燃燈節的九臂燭台，這也是一種宗教寬容的表現。

一間基督教教堂於正門懸掛同志象徵的彩虹旗，並豎立猶太教九臂燭台，表現出宗教寬容的精神

靈性與宗教

當代的全球化與多元化趨勢，也影響了個人對於宗教的看法以及宗教在信仰形式上的變化，其中最明顯的就是所謂「靈性非宗教」（Spiritual but not Religious）現象的出現。

當代靈性的發展

「靈性非宗教」[29]一開始是指當代美國社會出現的一種追求「教會之外的宗教或靈性」（Unchurched Religion / Spirituality）的現象，意即，越來越多美國人認為自己是在追求靈性，但是沒有宗教信仰，也不屬於任何一個宗教團體。這些人對神祕主義以及非正統的信仰與儀式有高度興趣，但是對教會和神職人員則抱持負面的態度與看法。他們認為靈性是一種旅程，和追求個人成長與發展有密切關係。

這種「當代靈性」現象不只出現在美國社會，它在整個歐洲地區的發展由來已久，甚至對基督宗教的勢力造成相當「威脅」。而在大洋洲地區的紐、澳，以及包含台灣在內的亞洲地區，也都有它的影子。

重點Snapshot　在宗教寬容上，人可以不贊同和自己不同的信仰或實踐方式，但是不用言語或行動去改變或傷害對方。

當代靈性有複雜的歷史發展[30]，而且也有各種不同的名字，如：新時代運動（New Age Movement）、另類靈性（Alternative Spirituality）、生活的靈性（Spiritualities of Life）、整體氛圍（Holistic Milieu）、主體的—生活的靈性（Subjective-life Spirituality）、後基督教靈性（Post-Christian Spirituality）等等。

☼靈性非宗教，轉化非救贖

基本上，當代靈性（以下通稱靈性）有別於宗教，它是指當代歐美宗教變遷過程中出現的一種現象，然後在全球化過程中，逐漸影響了包括台灣在內的其他地區。靈性強調的是個人自身主觀的神聖經驗以及個人與超驗界產生連結的經驗，其中包含當事人的靈性觀念、靈修行為與靈修經驗；宗教強調的則是客觀上有組織、有明確教義體系與相關儀式活動的團體現象。靈性與宗教兩者的區分，也體現在台灣社會投入新時代運動的人士看法中。我以「靈性非宗教、轉化非救贖」來稱呼這樣的一種靈性觀[31]。

首先，接受這種靈性觀的人有一種「靈性非宗教」的態度，他們追求的是一種靈性的生活方式，一種生活的靈性，認為靈性不是宗教，並反對或批評（他們所界定的）宗教的幾種性格，包括：權威化、排他性、教條化、儀式化與組織化等。不過這些人雖然已離開自己原有的宗教團體，但是仍然尊重這些宗教的存在以及他人的宗教選擇；特別是對於台灣的佛教、民間信仰以及少數新興宗教，都表現出肯定的態度。這樣的態度其實也反映出我們在先前所呼籲的宗教對話與寬容的重要性[32]。

這些人接受的靈性觀，是一種「實證主義」為取向的自我宗教或自我靈性[33]觀，也就是說，要把觀念放在生活中印證一下是否可行。基本上，他們有以下觀念：去除外在的傳統與權威形式，因為唯一的權威指引來源是自己內在的聲音（自我倫理）；自己要為人生負責，因為改變或創造命運的力量在自己手上（自我負責）；要從過去、傳統以及內化的小我（傳統）中解放出來，過一種能真正反映人性的生活（自由）；在自己的經歷中去超越一般的傳統並跨越所有的差異，以找出共通的內在神祕核心（長生主義）。

其次，這種靈性觀的另一特色是「轉化非救贖」，也就是說，接受這套靈性觀的人重視自身在身體、情緒、心智或精神層面的轉化經驗，但不認為那是一種外力（神）的救贖或加持，也沒有原罪或消除業障的想法。他們追求的轉化經驗，是要透過自我察覺的能力，在一連串自我反思過程中，認識自己的過去、現在、未來，以重新建構對自我的認同。在他們看來，這個過程就是轉化（Transformation），也是一

重點Snapshot 當代靈性有別於宗教，強調的是個人自身主觀的神聖經驗以及個人與超驗界產生連結的經驗，其中包含當事人的靈性觀念、靈修行為與靈修經驗。

種療癒（Healing）。

台灣的當代靈性發展

但是，這個靈性現象是何時在台灣發展起來的呢[34]？我們就以它的分身「新時代運動」的發展情況為例。新時代運動大約於八〇年代初進入台灣，首先是以思想的引介為主，當時有少數旅美經驗的人士，因在異地生活期間接觸到這種靈性觀而深受吸引，回國之後便透過翻譯出版英美相關書籍的方式，在台灣推動新時代的觀念。

這個靈性運動在發展初期並沒有團體或組織。直到八〇年代末、九〇年代初，才出現兩個以讀書會和冥想方式進行共修的團體：光的課程（A Course in Light）與奇蹟課程（A Course in Miracles）。與此同時，台灣社會第一個以新時代為名的非營利組織「新時代協會」的前身——新時代讀書會，於一九九二年成立，活動以閱讀及討論賽斯系列書籍為主。在這個階段接觸新時代思想的人，隨後也都陸續成為推動台灣新時代運動發展的重要中介角色。其他靈性思想運動如奧修運動與人類潛能運動，也於這段期間在台灣開始發展。

一九九五年開始，台灣出現了越來越多與新時代相關的書籍、讀書會、課程、活動與工作坊，是這個靈性運動的快速成長階段，以「通靈」（Channelling）[35]方式記錄下來並出版的各種書籍也頗受歡迎，像是前面提到的光的課程、奇蹟課程、賽斯、歐林與達班（Orin & Daben），以及「與神對話」系列等等。此外，以治療為主題的各種靈修方法與活動，也相當盛行。二〇〇〇年之後，早期深度參與台灣新時代運動發展的人當中，許多人此時已成為個人從業者或是創立靈修中心，包括許多網路虛擬組織或實體組織[36]。經歷二十多年的發展之後，這個靈性運動在二十一世紀初期在台灣已經進入成熟的階段。

那麼，受到靈性吸引的人有什麼樣的特徵呢？在歐美社會，這些人通常都是知識份子，教育程度較高，屬於社會的中產階級，以中年人士居多。職業方面則以專業人士、經理人、行政與銷售人員為主。在我的質性研究中，接受過訪談的台灣新時代運動參與者，除了年齡層比歐美社會年輕之外，其餘特徵也類似歐美社會的情況[37]。此外，這些人在投入這個新的靈性之前，大多有參與過一個以上不同的宗教團體的經驗，但是在接受新時代思想之後，就離開了先前的宗教團體；而他們過去這種比較開放的宗教接觸經驗，可說是台灣社會宗教多元化的一種反映。

重點Snapshot 接受靈性觀的人追求的是一種靈性的生活方式，認為靈性不是宗教，反對宗教的權威化、排他性、教條化、儀式化與組織化，但尊重這些宗教的存在以及他人的宗教選擇。

靈修行為與靈修經驗

在台灣社會，有多少人離開原本所屬的宗教團體，並加入新時代運動或是從事個人靈修？目前並沒有社會調查統計資料可以回答這個問題，所以我們也無法隨便加以推論。但是，我們可以從另一個角度出發，看看在台灣社會中，民眾有什麼樣的靈修行為與活動、靈性活動與靈修經驗的關係是什麼[38]。

靈修行為是指從事靈性消費與靈性活動。靈性消費包括使用或購買身心靈產品的行動，以及為了愛護自然生態或身心靈健康因素而採取的行動。靈性活動則是指各種有助於身心靈平衡的活動，以及各種有助於理解生命意義與增加自我了解的活動。

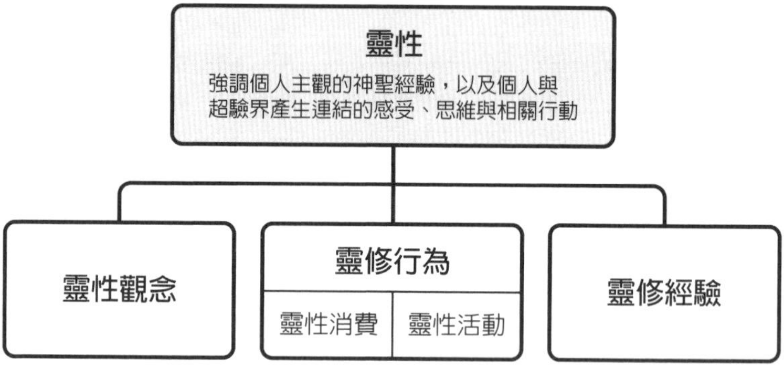

靈性關係概念圖

台灣社會裡常見的靈性活動，大致上可歸為六類：

一、閱讀靈性書籍；

二、按摩或經絡調整等民俗療法；

三、各種自然療法、另類療法、靈氣、催眠等；

四、練氣、靜坐、增加能量或改善磁場的活動；

五、瑜珈；

六、太極拳等。

太極拳或民俗療法等可說是華人傳統的靈性（養生）活動，而其他各種療法與瑜珈，則是因全球化影響而在台灣出現的靈性活動。從事這些靈性活動的台灣民眾當中，大約有三成四左右的民眾接受個人的靈修方式，這些人至少從事一種以上的靈性活動並且同意不一定要參加宗教團體，靠自己靈修也可接近神佛。

在這些靈性活動中，瑜珈可說是近年在全球各地流行的一種兼具養生與修行功能的現代靈修方式。目前台灣約有八％以上的人口做過瑜珈活動，我們這裡就以它為例來說明靈性活動與靈修經驗的關係。

重點Snapshot 受到靈性吸引的人主要以知識份子為主，教育程度較高，屬於社會的中產階級，中年人士居多。職業方面則以專業人士、經理人、行政與銷售人員為主。

一般沒有特別接觸的民眾想到瑜珈，腦海中可能浮現各種奇怪的身體姿態。對於上健身房做瑜珈的人而言，它是一種可以保持健康或身材健美的健身運動。有趣的是，長期持續做瑜珈的人，很有可能在過程中產生出「靈修經驗」，但是有個先決條件是，當事人對自己身體變化必須有足夠的覺察力。

這裡所說的靈修經驗是指：當事人主觀認為，自己在某種活動中和神靈或某種較高力量（或稱為超自然力量）有了直接接觸的經驗，這種經驗可能體現在身體層次、情緒層次或超驗層次。

為什麼身體在靈修經驗中是重要的？因為當代靈性是一種「體現的靈性」（Embodied Spirituality），如果人只是在想法上接受靈性觀念，但是沒有從事相關活動，那麼將只停留在腦袋思考的觀念層次，而缺乏經驗的體現（Embodiment），這也呼應了前面提過，台灣新時代人士傾向實證主義的靈性觀。

其實，無論是傳統宗教或當代靈性，身體都是一個重要的工具，人是透過身體才能進行各種宗教儀式與活動。各種救贖宗教如佛教道教或是傳統的基督宗教，都教導信徒要超越或克服身體的「限制」或「障礙」。

而當代靈性把身體變成一個神聖的所在，讓人以自己的身體經驗為基礎，與超驗界或說神性建立連結。因此，一個定期做瑜珈的人，若能把身體的覺察、情緒方面的改變以及主觀超驗經驗三個層面加以結合，是有可能產生出靈修經驗[39]。

靈性與宗教的關係

當代西方社會，靈性與宗教的發展處於彼此競爭的局面，因為強調個人主觀且直接與內在神聖建立關係的靈性越蓬勃發展，就代表強調透過團體活動及神職人員為中介的主流基督宗教越衰微。而在台灣社會中，宗教對台灣人很重要，因為超過八七％以上的台灣民眾都自認為有宗教信仰。在這樣的宗教場域裡，靈性與宗教之間有什麼樣的關係？

根據研究指出，與無宗教信仰者相比，有宗教信仰者越可能從事靈性活動與靈性消費[40]，也有更多的靈修經驗。

信仰制度（組織）宗教的人，從事靈性活動與靈性消費的頻率也比較高。即使就當代靈性觀中一個（核心）面向，即個人靈修這一點來看，也有八八．二％[41]的有宗教信仰者表示贊同個人靈修。這個現象似乎顯示，台灣民眾的靈修行為與經驗和宗教的參與之間，不但沒有衝突或競爭，甚至可以說宗教有助於靈性在台灣社會的

重點Snapshot 無論是傳統宗教或當代靈性，都視身體為重要工具，因人必須透過身體才能進行各種宗教儀式與活動。當代靈性把身體變成一個神聖的所在，讓人以自己的身體經驗為基礎，與超驗界或說神性建立連結。

發展。

為什麼西方的靈性觀念與相關實踐方式，在宗教如此旺盛的台灣社會裡得以發展呢？一個重要的原因在於，這種靈性的主要思想是整體主義（Holism）[42]，它和台灣民眾追求大小宇宙和諧關係的世界觀是相容的。此外，在台灣社會，多數人的宗教是民間信仰[43]，其擴散、混融的特色，使得民間信仰者在面對其他宗教或靈性時，比較不會去畫分「我群與他群」或是「內與外」的界限，也就不會因此產生衝突。而其他自認佛教者或數教合一者，或許也不認為這些靈性活動是在其信仰範圍之外。因此，台灣這種宗教場域，是靈性觀念、靈性活動、靈性產品可以生根、傳播、發展的環境。而靈性在內外宗教場域間都可以發展的結果，讓台灣社會的靈性與宗教關係處於共存共榮的局面。

多元複雜的全球化時代，有各式各樣的宗教現象，而我們在星期五這個單元裡，與讀者分享了其中一些實例。我們看到某些崇拜教團對信徒及大社會造成的傷害，也看到宗教團體藉社會參與如救災而來的實質社會貢獻。

更重要的是，我們期待，人人在了解宗教寬容與對話的重要性之後，也能進一步在自己生活中將它實踐。抱持這樣的態度，我們也就能尊重與理解每個人對於宗教的選擇以及做宗教（doing religion）的方式，並且體會當代靈性強調個人靈修的自我宗教觀。

重點Snapshot

台灣社會多數人的宗教是民間信仰，其擴散、混融的特色，使得民間信仰者比較不會去畫分「我群與他群」或是「內與外」的界限，較少發生衝突。台灣社會的靈性與宗教關係處於共存共榮的局面。

3分鐘重點回顧

❶ 二十世紀末到二十一世紀初發生了幾件宗教悲劇，主角都是崇拜教團。它們具有幾個共同特徵：教主的神才魅力、信徒的完全奉獻、反社會的集體生活方式，以及末日說或千禧年主義的思想。

❷ 宗教上所謂的「改宗」是指一個人的世界觀經歷轉變的宗教社會化過程，通常是指當事人自願成為某個宗教的信徒，或是自願離開某一個宗教並加入另一個宗教的過程。而「洗腦」原來是社會心理學研究的專有名詞，指一個人在非自願的情況下接受某種思想體系（世界觀）及某種行為模式的過程。

❸ 把宗教洗腦和新興宗教畫上等號或連結在一起，是一種「錯誤」或帶有「偏見」常識的說法。這種想法主要是由於大眾媒體經常喜歡把新興宗教的現象加以「神祕化」，因此宗教洗腦在宗教的社會發展過程中，就逐漸與新興宗教「掛鉤」，再加上近代歷史中，曾發生過好幾件崇拜教團造成的宗教悲劇，因此也強化了一向反對新興宗教的人士所抱持的「宗教洗腦」主張。

❹ 大部分宗教對於社會與信徒還是有好的影響，具有正向的社會功能。

❺ 宗教在當代世界的社會參與，主要有慈善活動與文化活動兩種類型。

❻ 宗教與慈善活動之所以具有密切關係，是因為在宗教價值中，利他思想是很重要的一環。而此思想在社會中的主要顯化方式就是各種慈善的行動。

❼ 各宗教團體在九二一震災中的社會救援和重建行動，是宗教在台灣社會史上集體的慈善壯舉。

❽ 當今世界，宗教參與社會的方式有很多種，宗教的觸角與影響力不只在寺廟或教堂裡，也不只在信徒之間，而是透過社會參與，深入到更大的社會生活脈絡裡。

❾ 當代世界有越來越多宗教或信仰對話的機會。宗教對話是指不同信仰的人以互相理解與尊重為基礎所進行的互動，包括個人層次的對話與集體層次的對話，而且可以是正式或非正式的形式。

❿ 宗教對話的目標，並不是要讓對方改信自己的宗教，也不是要找出共同的信仰；宗教對話通常是希望藉由口頭對話或雙方的交流活動，增進彼此的了解與互相信任，開啟相互合作的可能性。

⓫ 宗教對話的種類包括：神學的對話或論述、宗教經驗的對話、共同行動的對話、生活的對話。

⓬ 全球化和多元化的社會更需要宗教寬容。宗教寬容是指，人可以不贊同和自己不同的信仰或實踐方式，但是不用言語或行動去想改變或傷害對方。宗教寬容雖然是關於信仰的事，但其實已涉及人權議題。與宗教寬容相對的是宗教不寬容，表現出來的行為就是宗教衝突與仇恨。

⓭ 當代的全球化與多元化趨勢，也影響了個人對於宗教的看法，以及宗教在信仰形式上的變化，其中最明顯的就是社會學意義上的「靈性現象」的出現。這種當代靈性有複雜的歷史發展，而且也有各種不同的名字，包括：靈性非宗教、新時代運動、另類靈性、生活的靈性、整體氛圍、主體的—生活的靈性或後基督教靈性等等。

⓮ 靈性是當代歐美宗教變遷過程中出現的一種現象，在全球化過程中逐漸影響了包括台灣在內的世界其他地區。靈性強調個人自身主觀的神聖經驗，以及個人與超驗界產生連結的經驗，包含當事人的靈性觀念、靈修行為與靈修經驗；而宗教則強調客觀上有組織、有明確教義體系與相關儀式活動的團體現象。

⓯ 歐美社會受靈性吸引的人，通常都是知識份子，教育程度較高，屬於社會的中產階級，中年人士居多。職業方面則以專業人士、經理人、行政與銷售人員為主。台灣相關的質性研究也指出參與者有類似特徵，只是在年齡層上比歐美社會的參與者年輕。

⓰ 台灣社會裡常見的靈性活動包括：閱讀靈性書籍；按摩或經絡調整等民俗療法；各種自然療法、另類療法、靈氣、催眠等；練氣、靜坐、增加能量或改善磁場的活動；瑜珈；太極拳等。從事這些靈性活動的台灣民眾當中，大約有三成四左右的民眾接受個人靈修方式，這些人至少從事一種以上的靈性活動並且

同意不一定要參加宗教團體，靠自己靈修也可接近神佛。

⑰ 瑜珈是近年來在全球各地廣為流行的一種兼具養生與修行功能的現代靈修方式。目前台灣約有八%以上的人口做過瑜珈。

⑱ 無論是傳統宗教或當代靈性，身體都是一個重要的修行工具，人是透過身體才能進行各種宗教儀式與活動。

⑲ 一個定期做瑜珈的人，若能把身體的覺察、情緒方面的改變以及主觀超驗經驗三個層面加以結合，有可能產生靈修經驗。

⑳ 靈修經驗是指，當事人主觀認為，自己在某種活動中和神靈或某種較高力量（或超自然力量）有了直接接觸的經驗，可能體現在身體層次、情緒層次、或超驗層次。

㉑ 在西方社會，靈性與宗教是相對立並且互相競爭的局面。但是在台灣社會，有宗教信仰者越可能從事靈性活動與靈性消費，也有更多的靈修經驗；信仰制度（組織）宗教的人，從事靈性活動與靈性消費的頻率也比較高。台灣民眾的靈性修行為與經驗和宗教的參與之間，不但沒有衝突或競爭，甚至可以說，宗教有助於靈性在台灣社會的發展。

附註：

1. 此處我用天堂與地獄類比，只是採借象徵的意義。
2. 此處教主的神才魅力是從追隨的信徒角度來看，因為通常社會大眾不認為這些教團領導人有這種特質。
3. 這位女先知名叫 Credonia Mwerinde，在參與創建這個教派之前，主要從事性交易工作。此外，四位神父的名字分別為 Joseph Kibweteere, Joseph Kasapurari, John Kamagara, and Dominic Kataribabo；修女名字則不明（Lewis and Petersen 2005: 6）。
4. 據說許多人宰殺牲口，還買了七十箱的汽水飲料（Lewis and Petersen 2005: 6）。
5. 坊間媒體報導的死傷人數都不太相同，從五千到六千多人都有。此處是根據 Repp（2005）的文章中所引當時檢查官起訴書中的統計數字。
6. 東京毒氣事件的前一年以及事件發生之後幾個月內，日本其他地區也都出現了幾起毒氣攻擊事件。
7. 這個新興教團一開始主要吸引一些喜歡瑜珈和追求神通能力的年輕人追隨。
8. 原名是松本智清夫（Asahara Shoko），但在一九八七年改名為麻原彰晃，原因是他認為這個以漢字書寫的名字會為他帶來好運。同一年麻原彰晃也把教團改名為奧姆真理教（Repp 2005:155）。
9. 一九七八年由 Seiyu Kiriyama 創建的日本佛教類新興宗教。
10. Martin Repp 的研究把奧姆教的發展和殺人事件與日本社會脈絡結合在一起分析，指出奧姆教並不是一開始作為新興教團出現時就具有危害社會的傾向，而是在發展過程中，因教主及核心成員的政治野心受挫以及有成員陸續犯罪的行為，加上麻原鼓勵信徒奉獻財產、實行集體生活的反社會行為，乃逐漸受到日本社會排斥，更有不少信徒的家人透過法律管道控訴奧姆教，與論也普遍認為這是一個有危險的邪教，於是教團逐漸演變成極端反社會且具集體暴力傾向。有興趣了解細節的讀者，可以參考 Repp 在二〇〇五年出版的文章。
11. 麻原彰晃曾在一次演講中說：「目的證明手段為正當。如果某人犯罪累累，他知道自己死後一定會下地獄。此時若一位開悟者認為此人的生命最好快點結束，因此下手殺死他，大社會可能認為這是謀殺。但是從我們的教義來看，這個殺人行為只是在讓這個人得到他的破瓦（Poa）。」（筆者譯自 Repp 2005: 164）此處的「Poa」是藏傳佛教的一個術語，原指喇嘛為死者所舉行的一種超渡亡魂儀式，奧姆教則用自己的詮釋來誤導信徒。

12. 當時奧姆教在日本的總部加上分部一共二十五處。
13. 包括菊地直子，高橋克也、平田信三人。
14. 馬歇有雙性戀傾向，他雖然與異性結婚，但多次出軌對象是同性（Chryssides 2005: 355）。
15. 請參考《聖經・啟示錄》11:1-2內容。
16. Chryssides 2005: 358。
17. 不同學者研究指出，艾波懷特當時不是處於身體衰弱狀態（Perkins and Jackson 1997: 81），就是飽受癌症之苦（Balch and Taylor 2002: 221）。
18. Lewis 2005: 311。
19. 有興趣的讀者可參考楊惠南二〇〇〇年一篇未正式出版的會議論文。
20. 本節有部分主要改寫自筆者與林美容於二〇〇四年合著的一篇文章。
21. 根據當時內政部消防署的統計資料，九二一震災共造成一萬一千三百零五人受傷，二十九人失蹤，二千四百一十五人罹難。建築物方面，房屋半倒有五萬三千七百六十八棟，毀損全倒有五萬一千七百一十一棟。
22. 傳播團體、營利事業機構、互惠型非營利團體、社會福利機構、政治團體、宗教團體，以及其他等共七類民間團體。
23. 如一貫道、中台山、佛光山、世界展望會、長老教會、草屯雷藏寺、慈濟等等。
24. 聖嚴法師 1999:56-59。
25. 筆者當時與九二一關懷辦公室主要負責人員的訪談。
26. 歷史上第一次世界規模的正式宗教對話，是一八九三年於芝加哥舉行的世界宗教會議（The World's Congress of Religions），當時是與世界博覽會或稱哥倫比亞博覽會（World's

Columbian Exposition）聯合舉行。今天我們看到每幾年就在世界某個城市舉行一次的世界宗教大會，主辦單位是世界宗教大會理事會（Council for a Parliament of the World's Religions），成立於一九八八年。相關歷史可參考其官方網站。

27. Forde 2013: 14-17.

28. 例如舉行伊斯蘭教與基督宗教的跨宗教禱告會時，常見使用聖法蘭西斯的禱詞（Prayer of St Francis）（Forde 2013:15）。

29. 這個詞是由 Robert Fuller 提出（2001）。

30. 讀者若想進一步了解這個現象的複雜歷史以及在世界各地的情況，可參考筆者二〇〇八年出版的英文專書。

31. Chen 2008。此外，二〇一四年一本收錄世界各地學者（含筆者在內）研究成果的英文專書《新時代靈性：重新思考宗教》（*New Age Spirituality: Rethinking Religion*），有更新的資料，也值得參考。

32. 相關人士的訪談內容請見陳淑娟 2006, 2008。

33. 自我宗教或自我靈性是英國宗教學者 Paul Heelas 根據其多年參與並研究相關活動之後所提出的理論（陳淑娟 2006, 2008）。

34. 對新時代運動在台灣社會的詳細發展歷史有興趣者，請參考陳淑娟（2006, 2008, 2014）。

35. 通靈現象是指個體（通靈者）在恍惚狀態（in trance）下被某個「靈體」附身（當事人通常稱之高靈，認為是已超脫人界，而且比人類更有智慧的靈），而以口說或書寫方式傳遞訊息。新時代運動對通靈的興趣與重視，某種程度上是受到唯靈主義（Spiritualism）的影響。

36. 各種正式與非正式的實體或虛擬的組織或中心不勝枚舉，如新時代協會、光的課程資訊中心、奇蹟課程中文部、佛化人生、喜馬拉雅生活空間、群傑成長分享空間、台灣靈氣文化研究協會等等。

37. 陳淑娟 2006, 2008。

38. 關於台灣民眾的靈修現象之種種數據，主要是來自於「台灣社會變遷計畫宗教變遷第五期第五次的調查結果」之相關統計與分析。有興趣進一步了解的讀者，可參考陳淑娟、陳杏枝、瞿海源二〇一三年合著的文章。

39. 陳淑娟 2012。

40. 靈性消費是指購買各種身心靈產品，包括雜誌書籍、影音產品（含音樂或課程）、水晶或礦物製品、精油等。

41. 把同意這個看法的所有宗教信仰人數（一七〇〇）除以受訪的全部有效樣本人數（一九二七）之後的結果（八八・二％）。

42. 在靈性上，整體主義的想法認為人是身、心、靈構成的一個完整系統，靈性成長包含人的身心靈能量的平衡（健康）。

43. 請參見星期一章節中台灣社會的宗教分布表格。

Day 06 Weekend

週末

宗教之美

-The Beauty of Religion-

美是生命，當生命取下面紗而露出她神聖的面龐時。

但你是那生命，你也是那面紗。

美是永恆，在鏡中凝視她自己。

但你是永恆，你也是那鏡子。

——紀伯侖（王季慶譯）

一趟教堂巡禮，走靈修迷宮，感受人神交流的宗教之美

因為宗教和人類的文化、生活習習相關，所以宗教的建築與裝飾，也包含了人類的智慧與創造力在其中，就有其不可抹滅的生命力。人類建造廟堂，除了是為了作為神佛的居所，同時也是想營造一種空間氛圍，讓信徒得以在這神聖的空間裡，透過集體儀式來接近祂、敬拜祂、聆聽祂、感受祂。所以宗教廟堂作為神聖空間的存在，在美學與象徵意義上，皆代表了人類渴望的完美境界。

物象之美：教堂建築巡禮

我所居住的美國新英格蘭地區（NewEngland）有許多基督教教堂，這些教堂的建造年代大約介於十九世紀到二十世紀之間。歷史上，由於教會與民眾的生、老、病、死關係非常密切，因此「三步一大廟（教堂），五步一小廟（教堂）」的現象，在以基督宗教為主流的歐美國家，並不算特別。

不過，如果我們仔細留意隨處可見的教堂建築，就會發現，同樣是基督宗教，教堂建築的外觀卻似乎不太相同。

以我住家周邊區域的教堂風格為例，大致上可以見到在歷史發展過程中，深受歐洲影響而產生的新羅馬式、新歌德式、拜占庭式以及喬治亞式等各種風格不同的教堂。雖然我不是建築美學專家，但在這裡，我將根據個人的經驗，以素人的眼光，帶著大家走訪幾座教堂，欣賞一下它們的建築之美。

新羅馬式風格

羅馬式（Romanesque）[1]是指十世紀晚期至十三世紀期間的一種建築風格，多表

重點Snapshot 人類建造廟堂，除了為了作為神佛的居所，同時也是想營造一種空間氛圍，讓信徒得以在這神聖的空間裡，透過集體儀式來接近神佛。

現在教堂或城堡建築上。十一至十三世紀期間，歐洲地區普遍可見羅馬式風格的教堂建築。一些著名的教堂如英國劍橋的聖墓教堂（Holy Sepulchre Church）[2]、葡萄牙里斯本大教堂（Lisbon Cathedral）以及義大利的比薩大教堂（Pisa Cathedral）等等，都是這段時期興建並保存至今的代表作品。而羅馬復興式（Romanesque Revival），則是受羅馬式風格影響或啟發而產生的近代建築風格，又稱為新羅馬式，約從十九世紀開始在歐美地區出現並發展開來。

羅馬式風格的教堂外觀特色是：牆體厚實，有半圓拱造型的門窗與石頭拱梁（門楣與窗楣）[3]，窗戶面積比較狹小。此外，科林斯式圓柱或墩柱支撐的門廊或拱廊、石頭或木製的桶型（Barrel）或交叉式（Groin）的拱頂（Vault），以及方形、圓形或八角形的塔樓等，都是這種風格的特徵。而新羅馬式建築風

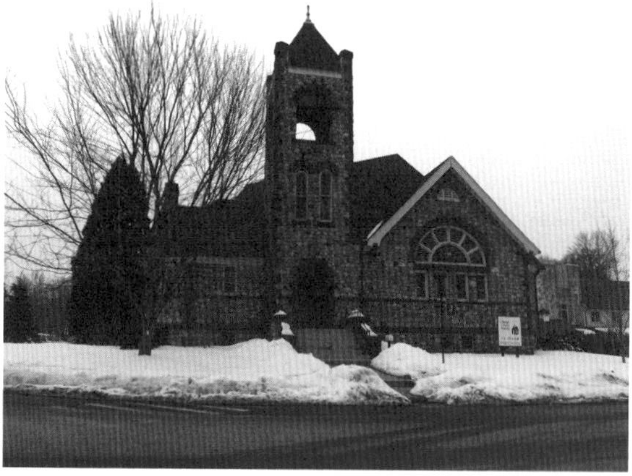

新羅馬式風格的教堂，色調陰暗，較顯沉重

格，雖然繼承了羅馬式風格的精神，但在建築上不一定會全部表現出這些特徵，不過在與其他建築風格相較之下，還是能看得出它的羅馬式特色。

然而，或許是因為這種建築的感覺灰暗、沉重，比較不受人歡迎，我所居住的地區，只有少數一、兩間教堂建築是承襲新羅馬式風格，例如照片中這間位於康乃迪克州威斯頗特（Westport）的教堂原是美以美教會（Methodist Episcopal Church）所有，建於一九〇七年，但因為教徒人數逐年減少，存續困難，後來被其他教會[4]買下建築，將它轉變成為教會附屬的幼稚園經營。

所幸，它那風格獨具的新羅馬式建築外觀仍然被保留了下來，所以我們現在能清楚的觀賞到，這座由石頭及磚塊構成，牆體厚實的教堂風采。注意看，它除了紮實的建築之外，還具有半圓拱造形的大門與窗戶，以及好些個半圓形的窗楣，此外，正中央方形的教堂塔樓，特別引人注目。

新哥德式風格

哥德式（Gothic）是在十二世紀中期至十六世紀期間，風行於歐陸地區的建築風格，最早起源於法國。

重點Snapshot 新羅馬式的建築特色，表現於厚實的牆體建築、半圓拱造型門窗和石頭拱梁、科林斯式圓柱或桶型交叉式拱頂及方型、八角型拱頂，營造出沉重、嚴肅的氛圍。

而和新羅馬式風格一樣，哥德復興式（Gothic Revival）則是受哥德式風格影響或啟發所出現的一種近代建築風格，又稱為新哥德式。新哥德式風格建築大約是在十九世紀期間，於英國的英格蘭中部地區出現，隨後這股風潮很快地襲捲歐洲其他國家，還有美洲、澳洲以及南非等地。

當我們想到哥德式風格的教堂時，腦海中可能閃現出高高的尖塔特徵，但是當我們近距離仔細觀察該風格的教堂建築時，就會發現它還有許多細緻且線條優美的設計，例如尖拱造型的門窗、教堂內部拱廊[5]與主廳天花板的尖角型拱頂或是肋拱頂（Ribbed Vault）、飛扶壁（Flying Buttresses）、彩色窗玻璃和教堂門面的各種雕刻裝飾等等。

新哥德式的教堂建築大約是在十九世紀三〇年代從英國進入美國，到了一九四〇年左右，美國各地已經建造出大量的新哥德式教堂風格，但是在外觀上，和歐洲那些在教堂正面具有繁複雕刻裝飾的建築相比，美國的新哥德式教堂建築風格比較收斂，相當樸素。

如果說，前面所介紹的新羅馬式風格教堂給人一種沉重、灰暗的感覺，那麼新哥德式風格的教堂則讓人有高聳、明亮、美麗，以及靜謐的感覺，在造型和呈現上，給人相當豐富的視覺享受。

接下來舉出兩間隸屬於不同教會體系，但建築都屬新哥德式建築風格的教堂讓大家比較、感受。這間位於威斯頗特的聖母堂（Our Lady of the Assumption Church）是一間羅馬天主教堂，正門上方有白色聖母像，建築感一掃先前新羅馬式教堂的沉重、

新哥德式風格建築的教堂，正門的聖母像與雕刻、玫瑰花窗、尖塔都是顯著特色

由正門仰視建築，清楚可見白色的聖母雕像及尖拱門窗

重點Snapshot 新哥德式風格的教堂讓人有高聳、明亮、美麗，以及靜謐的感覺，利用雕刻裝飾、玫瑰花窗、尖拱造形的門窗和高高的尖塔，呈現出幽雅的風格。

聖公會教堂內部主廳上方的尖頂拱，以及左右兩側的尖拱側廊

尖塔和尖拱門窗設計是哥德式建築的特徵

哥德式教堂側面，可見拱起的屋頂與尖拱窗

聖公會教堂正面尖塔周圍，環繞著小尖塔和圓球以及城齒裝飾

簡約，以簡單的雕刻裝飾、玫瑰花窗（Rose Window）、尖拱造形的門窗和高高的尖塔，呈現出幽雅的風格。

而在康州諾瓦克（Norwalk）隸屬於聖公會的綠地聖保羅（St Paul's on the Green）教堂，最搶眼的建築特徵，莫過於教堂正面高聳的尖塔和尖拱造型的門窗。仔細觀察尖塔周圍，還設計有環繞主塔的小尖塔（Pinnacle）和圓球（Ball-flower）裝飾，以及城齒（Castellated Parapet）的設計，這些都是承襲自原哥德式風格的建築特色。

此外，當進入聖公會教堂的內部時，抬頭看去，清楚可見尖拱側廊以

聖母堂內部彩繪窗

聖公會教堂內部彩繪窗

重點Snapshot 教堂的彩繪窗輪廓雖異，但內容都是以象徵圖案或聖像畫為主題。透過光影的映照，增加教堂內部空間的神聖感。

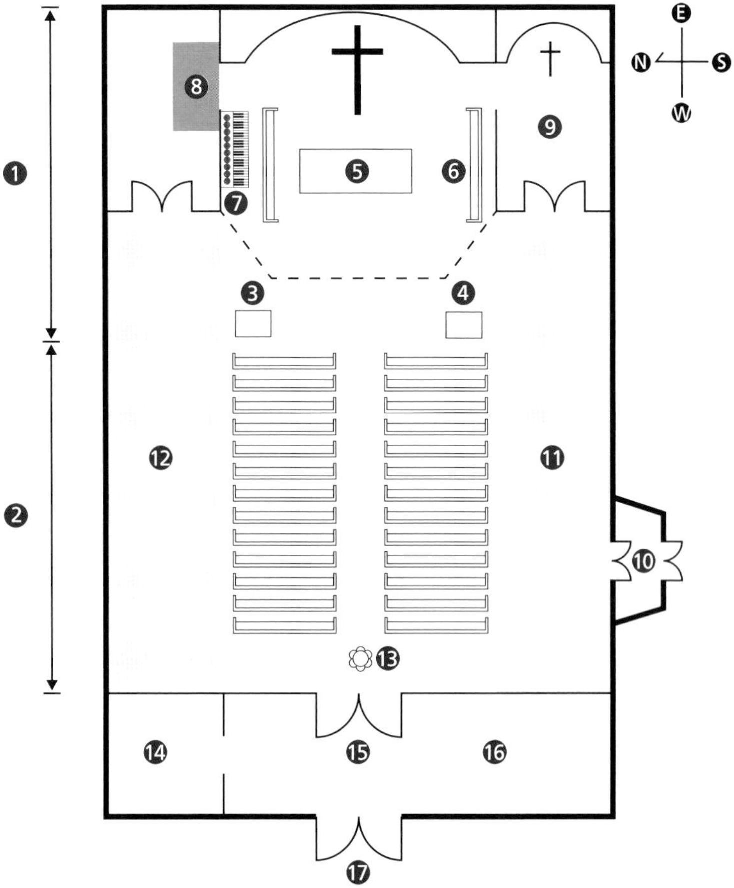

❶ 聖壇
❷ 主廳
❸ 講道台
❹ 讀經台
❺ 祭台（聖餐台）
❻ 詩班席位
❼ 管風琴
❽ 詩班準備區
❾ 聖母小教堂
❿ 天使小教堂
⓫ 南側廊
⓬ 北側廊
⓭ 洗禮台
⓮ 塔樓
⓯ 內門
⓰ 前廳
⓱ 正門

聖公會教堂內部平面示意圖

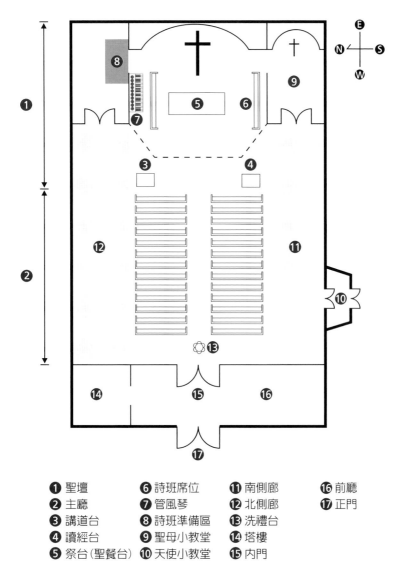

及中殿上方的尖頂拱造型設計。穿透教堂裡上下兩層窗戶而灑進的明亮陽光，也讓側廊與中殿散發出深層寧靜感。

這兩間新哥德式教堂的彩繪窗雖輪廓相異，但兩種樣式都是沿襲自英式哥德教堂的彩繪窗風格。當我們仔細觀看一扇一扇的窗面時，會發現每扇窗戶上都有不同的象徵圖案或聖像畫。在陽光映照下，這些窗戶閃爍著多彩的光芒，更增添教堂內部空間的神聖感。

教堂內部的聖壇與主廳

傳統上，西方基督教堂的內部空間設計極其相似，這裡我們以綠地聖堡羅教堂的內部空間設置為例，提供大家做個參考。教堂內部空間呈長方形，大致上可畫分為聖壇（Chancel or Sanctuary，①）與主廳（Nave，②）兩個主要部分。

聖壇是神職與詩班人員進行儀式的區域，主廳是會眾的座位區。

重點Snapshot 在傳統教堂裡，主廳的座位是木製長排椅。這種座椅形式可溯源自中古時期西方的基督宗教，少數建造於西方國家的東正教教堂也採用木製長排椅。

北側廊，盡頭通往詩班準備區

南側廊，盡頭通往聖母小教堂

在傳統教堂裡，主廳的座位是木製長排椅（Pew）。這種座椅形式可溯源自中古時期西方的基督宗教，後來基督新教也繼承羅馬天主教會的形式使用，而少數建造於西方國家的東正教教堂也採用木製長排椅。

主廳左右各有一道側廊。由於基督教堂的聖壇區位在東邊，教堂正門則是朝西，所以左邊是北側廊⑫，右邊是南廁廊⑪。教堂在舉行週日禮拜或是行聖餐禮時，詩班與神職人員會從北側廊盡頭的準備區⑧走出來，沿著北側廊往西行進，再從主廳長椅的中間走道一路往東，走向聖壇區。

當我們從主廳的位置，向聖壇方向望去時，會看到左右各有一座小講台。左邊是神職人員講道或宣讀福音時使用的講道台（Pulpit，③），右邊則是讀經台（Lectern，④），是平時讓一般信徒宣讀福音書之外的《聖經》內其他經文，或帶領會眾禱告、宣告事項之用的講台。

讀經台通常做成飛鷹展翅的造型，展開的雙翅位置，就成為置放《聖經》的平台。有個說法是飛鷹象徵了使徒約翰。

由於許多基督宗教教會相信《新約聖經》裡有好幾篇書信都是約翰所寫，因此也

平信徒使用的讀經台

神職人員使用的講道台

重點Snapshot 讀經台通常做成飛鷹展翅造型，飛鷹象徵了使徒約翰。由於許多基督宗教教會相信《新約聖經》裡好幾篇書信都是約翰所寫，因此認為他的書信是基督的光耀與神聖的最清楚見證。

聖餐台與周邊陳設，左後方牆面上有管風琴

聖餐禮時，神職人員主持儀式，教徒依序排隊領聖餐

認為他的書信是基督的光耀與神聖的最清楚見證[6]。

位於聖壇區正中央的祭台（Altar），又稱聖餐台（Communion Table，⑤）。當教會在舉行聖餐儀式時，台上會擺放無酵餅與葡萄酒，主持儀式的神職人員在祭台上擘餅祝謝，而教徒們則排隊依序領聖餐。

拜占庭式風格

拜占庭式的建築風格多見於東正教體系中，希臘東正教（Greek Orthodox Church）的教堂建築[7]。這種可回溯自西元六世紀左右的建築風格，是在約莫二十世紀初期，因大批希臘移民的宗教需求，才逐漸在美國出現。

我們這邊所要介紹的這座聖喬治希臘東正教會（Saint George Greek Orthodox Church）的教堂，其拜占庭式風格的外觀看起來線條均勻，使用淺色磚塊、岩石以及水泥等建材，製造出同色系的雙色外牆，塑造出樸實的美感，但整體造型又鋪陳出複雜的層次感，令人想進一步探索。

教堂的正面設置一條樹立了根立柱的外前廊（Exonarthex），以此作為整座教堂的入口

拜占庭式風格的教堂風格樸實。教堂正面，是一座立有七根倒方椎型石灰岩柱的外前廊

區。這些立柱多使用石灰岩建造，柱頭呈倒方椎型。此外，穹頂、半圓拱造型的窗戶也都是拜占庭式教堂的風格。

此外，從照片中清楚可見，這間教堂格局以一座主穹頂為建築重心，左右各襯托了一座小穹頂。而深具特色的魚鱗瓦狀窗格更為教堂增添了幾分東方色彩。

教堂的三個穹頂，中間主穹頂是教堂聖殿區，左右各襯有一個小穹頂

極富東方色彩的魚鱗瓦窗格

如果你有機會參觀拜占庭風格的教堂，會發現教堂外部正門的上方，通常有耶穌的繪像，進入教堂內部後，還會看到，兩邊的側廊延續了教堂外部的立柱和圓拱廊造型，而聖壇前有一排聖像畫屏把祭台與主廳區隔開來。

此外，抬頭看看，在接近聖壇拱頂處的圓頂位置，也就是我們剛剛從教堂外部看見的主穹頂區域，通常會有基督最後審判的彩繪或鑲嵌畫。

拜占庭風格教堂特徵：正門上方的耶穌繪像、內部側廊的立柱和造型圓拱廊與聖壇前的聖像畫屏和拱頂的豐富彩繪

重點Snapshot 拜占庭式風格的建築外觀看起來線條均勻，使用淺色磚塊、岩石以及水泥等建材，製造出同色系的雙色外牆，塑造出樸實的美感。

喬治亞式風格

除了上述的三種建築風格外，本地還常見一種殖民復興式（Colonial Revival）風格的教堂建築，也就是喬治亞式（Georgian）的建築風格。這大約是從一七一一年英王喬治一世繼位到喬治三世統治時期發展起來的建築風格，因為當時美國殖民地的統治者是英王喬治，所以又稱為喬治亞式。

典形的喬治亞式教堂外觀，是一棟有著高聳尖塔和四柱式門廊的純白色長方形建築，教堂外牆通常使用白色橫板（White Clapboard）或紅磚砌成。在美國東部的新英格蘭地區以及南方各州旅行時，時常可以見到這種頗具特色的教堂建築風格。

一座喬治亞式風格的教堂，純白色的建築外觀與尖塔在視覺上非常搶眼

精神之美：走一趟教堂的靈修迷宮

教堂建築是人類為神建造的神聖居所，也是為了與神交流而形成的一種物質文化創造。人用雙眼欣賞教堂的美麗，但更多的是心靈的祈求，於是在神聖空間裡與神交流的儀式，便滿足了這樣的心願。

如果說，教堂是人與神交流的神聖空間，那麼教堂附設的迷宮則是幫助人強化人神交流的中世紀基督宗教傳統靈修工具[8]。走一趟教堂的靈修迷宮，等於是做了一趟心靈的朝聖之旅。

史前文明已有迷宮的圖像與概念，但是直到西元九世紀，才把迷宮與基督宗教的靈修概念結合在一起，這樣的設計，稱為「中世紀迷宮」（Medieval Labyrinth）或「教堂迷宮」（Cathedral Labyrinth）。到了西元十一、十二世紀左右，迷宮圖案已經成為義大利地區常見的教堂地板裝飾。教堂迷宮的設計在西元十三世紀初流傳到法國，並且很快的傳播到南歐與西歐地區[9]。列入聯合國世界遺產的法國夏爾特聖母教堂（Cathédrale Notre-Dame de Chartres）主廳地面的迷宮形狀，可說是教堂迷宮裝飾的代表。除了地板裝飾之外，大教堂後院還設計了一座花園式迷宮。

重點Snapshot 立柱穹頂、半圓拱造型的窗戶也都是拜占庭式教堂的風格。

街道
花園
迷宮入口
街道
小停車區
小屋
小徑
出口
（房屋）
畫廊
神職人員住處
辦公室
教堂正門
小徑步道
街道
小入口
小徑
St. Paul's on the Green
教堂名稱立牌
小停車區
小徑步道
教堂車道入口
主要入口
街道（單行道）

聖公會教堂園區平面圖

近年來研究或提倡迷宮的人，把中文譯文都翻譯成「迷宮」一詞的 Labyrinth 和 Maze 作了概念上的區分。

Labyrinth 是指單一動線的迷宮，雖然它的路徑可能迂迴，但人只要沿著動線行進，最後一定會走到中心點，而循著同一條路徑也能往回走出迷宮。為求行文方便，在此我稱它為「靈修迷宮」。

Maze 在設計上則規畫出多條路徑，讓人在其中摸索、尋找終點與出口，今日我們在許多主題遊樂園或觀光景點看見的遊戲迷宮，即為此例。此外，我們也因此可見迷宮類型學[10]的發展。

本書中，我們所要探訪的這座靈修迷宮，是前面曾提到的綠地聖保羅聖公會教堂在二〇〇三年所建造。迷宮的位置就位於教堂後院花園區的東北方向，教堂在園區內做了幾道標示，指引人們找到通往這座靈修迷宮的兩條步道，只要沿著標示行進，就能輕鬆找到迷宮的所在。

通往迷宮的步道標示

重點Snapshot 教堂是人與神交流的神聖空間，教堂附設的迷宮則是幫助人強化人神交流的中世紀基督宗教傳統靈修工具。走一趟教堂的靈修迷宮，等於是做了一趟心靈的朝聖之旅。

靈修迷宮只有一個入口，一條單一動線

複誦喜歡的文句或聆聽音樂，慢慢走近迷宮中心

在迷宮中心停留，感受神或神聖力量的指引或交流

從整體上來看，這座靈修迷宮的格局不大，共有九環，直徑約有九公尺。

我們要如何使用這個靈修迷宮呢？教會在迷宮旁邊設立了一個看板，教導訪客使用靈修迷宮的簡易方法。

首先你必須放鬆。在進入迷宮行走前，先坐下來，做幾次深呼吸，讓所有的緊張或憂慮，伴隨每一次的吐氣離開身體。其次，人可以根據自己的需求來走這個迷宮。有人可能只是為了尋求片刻寧靜而來，有人可能因某事煩惱，希望走一趟迷宮，讓自

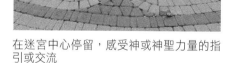

己學習如何放下，還有人可能帶著某種疑惑，希望在繞行迷宮的過程中得到解答……

無論個人的動機或目的為何，都可以參考說明看板上的建議。例如，在行走之前可以先閱讀《聖經》或自己喜愛的各種書籍文章，若對某句話或某個詞有特別感受，就記在心上；在行走的過程中，心底複誦那句話或那個詞；而喜愛音樂的人，可以一邊行走迷宮，一邊聆聽音樂。

如果你想更親近大地，甚至可以脫掉鞋子，穿著襪子或赤腳走迷宮。此外，走到迷宮中心點後，在沿原路離開之前，不妨先讓自己在神的面前，靜默一段時間，或站或坐，感受一下與神或神聖力量的指引與交流。

在走靈修迷宮時，我們不必特意加快或放慢速度，可以按照自己的步調行進，在路上也能隨時暫停或隨時前進，甚至可以自己決定，是要行走一趟，還是要來回多趟。你也可以每一趟行走都使用不同的步調和方式，感受一下是否因此為自己帶來不同的體驗。

按自己的步調走迷宮，感受不同的體驗

重點Snapshot 史前文明已有迷宮的圖像與概念，但是直到西元九世紀，才把迷宮與基督宗教的靈修概念結合在一起，稱為「中世紀迷宮」或「教堂迷宮」。

走一趟靈修迷宮，就像是我們的宗教追尋之旅一樣。每個人步調不一樣。每個人體會神佛的經驗或方式也不一樣。每個人選擇的信仰方式，也不一樣。甚至，每個人選擇要停留在哪一個宗教中以及會停留多久，也都不一樣。

但是，無論我們個人所經歷的體驗是什麼，宗教所蘊藏的精神之美，只要曾經感動過一次，就會在我們的心中永遠留存。

附註：

1. 羅馬式一詞最早是由查爾斯・第・舍維爾（Charles de Gerville）提出。
2. 俗稱圓形教堂（Round Church）。
3. 教堂大門及窗戶正上方的水平部分。
4. Christ & Holy Trinity Episcopal Church。
5. 是指一系列由廊柱所支撐的拱門所形成的廊道。
6. Ferguson 1966。
7. 希臘東正教會在美國東正教體系中擁有最多教徒，約佔全美東正教會教徒的六〇％（Alexei 2011）。
8. 舊金山恩典大教堂的牧師羅倫・艾翠絲（Lauren Artress）博士最早在美國地區推廣建造教堂迷宮。有興趣了解靈修教堂迷宮的歷史以及它在當代一些基督教會的發展情況，可參考Artress（1995）一書以及她所發展出來的全球迷宮位址網站（World-Wide Labyrinth Locator）。
9. Jess 2003。
10. 例如Jess Saward（2003, 2008）就把古今中外全世界的迷宮分為古典式、羅馬式、中世紀式、當代、遊戲迷宮以及其他等六類。

因了解而停留——我與宗教的第X類接觸

在撰寫本書的過程中，我腦海中經常浮現自己與宗教第X類接觸的回憶。

過去十多年來因為個人研究以及學術工作的關係，接觸了大約六十個國內外宗教組織或團體，做過近兩百場的深度訪談，而參與的宗教或靈修儀式與活動，則無法計數；只是我內化已深的社會學性格，總是很難讓自己從「純信徒」的角度去親近一個特定的宗教。也是這種思考觀點的長期演練，讓我在接近各種宗教時，能夠保持一種客觀卻不冷漠的能力，不做任何預設與判斷，以同理心出發，從當事人的立場，去認識並欣賞他們眼中的宗教或靈性。

我在這本書裡談了「宗教」的各個層面後，最後如果也能談談自己的宗教信仰，在情感層面上，或許會更有助於拉近讀者與宗教的距離。可是，處於「不惑」與「知天命」階段的我，嚴格來說，並沒有一個特定明確的宗教信仰。既然我個人不屬於任何一個宗教團體或組織，那麼，交代一下我從小到大的宗教接觸史，或許可以讓拿起這本書的你，更明白我寫作本書的「潛意識」動機吧。

回顧我對宗教的初始印象，是小時候見到身披海青袍在佛桌前誦經的母親背影。母親誦經使用的道具很多：佛經、唸珠、木魚、磐、鐃鈸、引磬等。當時在我小小的腦袋裡，完全不懂為何她要對著佛桌上那幾尊「木娃娃」唱歌和跪拜——當然，後來我才知道，那是所謂的神像。雖然那時我對於宗教完全無知，但是母親誦經禮佛的身影（也就是她的個人宗教儀式）自此銘印我心中。

我還記得，母親時常拿起放在菩薩像面前狹長托盤內的兩枚五角錢，用旋轉這兩枚銅板的方式來「請示」答案。母親每隔一段時間就會離家，去她的師父那裡住一段時間。印象比較深的一次，母親說要出家，舅舅非常反對，而父親只是很生氣，好像也和舅舅吵了架，卻不見任何行動。後來，是舅舅夜裡騎著機車，以「三貼」方式載著我和哥哥去「師父」那裡。我一見到母親，發現她的頭髮已經剪得短短的，像男生頭。舅舅勸告母親，妳還有兩個這麼小的孩子……然後叫我們跪在母親面前，求她回家。幾天之後，母親回家了，但是從此變得很沉默。

其實我直到今天，仍不知道那位師父是什麼教派。但我母親認為自己是佛教徒。

生命中第一次面對宗教與死亡，是奶奶的喪葬儀式。那時的我剛上小學沒多久。

擺放在家裡正廳好一陣子的厚重棺木、巷道臨時搭起做法事的一大片遮棚、法師們輪流誦經的聲音及動作、出殯前家人圍繞著棺木跪拜與哭泣的聲音，以及在古怪的樂音演奏中，我們跟在靈柩後面走一段路的畫面……都像幻燈片般，在記憶中反覆播放著。我記得自己和家人從頭到腳有著完全不同於日常穿著的打扮，有人手臂上還別了不同顏色的小布塊。

我學著家人做動作：身體往前，雙手觸碰奶奶的棺木，額頭再靠在手背上，口中喊著「奶奶」，同時放聲大哭……當時的我，只知道失明已久的奶奶過世了，但是不太懂這一切到底是怎麼回事。我好像沒有哭，只是不時悄悄探頭看看身旁的家人，看見他們哭得很傷心。許久之後我才明白，那些特別的打扮其實是披麻戴孝，而喪禮則是一種「補贖儀式」[1]，是給生者一個時間與空間，哀悼或懷念逝者，讓悲傷失落的情緒有集體性的表達或宣洩。順道一提，我記不得奶奶做七期間以及出殯演奏的音樂旋律，但是當時電視機裡每日播放的「蔣公紀念歌」[2]，到現在還能琅琅上口。

大三的時候，我想選修論文。可能是從小耳濡目染的關係，想寫宗教的題目，於是找了蔡錦昌老師請教。我說我想寫涂爾幹。蔡老師和我談完後，就開了一張書單給我，同時給我出了一個題目方向，後來我就寫了《涂爾幹的宗教起源論》。那個時代還沒有電腦寫作這玩意兒，我也沒有留下這篇論文的底稿。但是後來這篇論文經過濃縮改寫，刊登在當時東吳社會學系的學生刊物《社會學人》裡。這大概算是我從社會學角度來認識宗教的第一個研習成果。直到現在，我還是非常認同涂爾幹對宗教儀式的分析，以及儀式有助於社會整合的相關說法。

大四的時候，我有了第一次的「宗教經驗」。畢業考前一天，我寄宿在同學於校園內的宿舍，隔天早晨用餐後，發現錢包不見了，裡面有零錢以及學生證。那個時代，畢業考就像聯考，要拿學生證，依分發的考場，到指定的教室及座位進行考試。

我的同學是虔誠的基督徒，見我一臉著急，問我說：「妳願不願意把這一切交給主，讓我們為這事禱告？」接著，她不慌不忙的帶我到宿舍樓梯間的小角落，對我說：「我們來禱告。」她為我遺失錢包一事禱告，同時也要我跟著禱告。儀式完成後，她就要我平靜等待考試。即使禱告了，我心裡還是很慌，想著等一下到考場後，要如何向監考人員說明我的情況。去考場前，我們先繞去校內相關單位，詢問是否有人撿到我的錢包？但現場所有待領的失物中，沒有我的錢包。我只好硬著頭皮走進考場，要向坐在講台前面的監考人員解釋遺失學生證的事。沒想到才開口，監考小姐就問了，「妳是陳淑娟？」接著從講台抽屜拿出一個我極其眼熟的物品——我的錢包！

事後我的同學很開心，對我說了幾次類似於「這是主給妳的回應」、「這就是見證」等等的話語。我當時只覺得很神奇、很不可思議，也感謝同學的幫忙，但是並沒有因此跟著去信耶穌（不曉得她是否有點失望）。等後來開始研究宗教，我才明白，宗教經驗能促使一個人成為某個宗教的信徒，或是深化信徒原有的信仰（相關內容詳見本書星期四章節）。

研究所時期，我寫了新興宗教領域的論文。那時全球化理論在台灣社會學界剛起步，但是黃瑞祺老師在所裡開了「現代性與社會理論」課程，並指定閱讀羅伯森（**Roland Robertson**）的《全球化》（*Globalization*）一書，讓我有機會從全球化的角度思考宗教現象。期間，我也在中研院民族所擔任張恭啟先生的兼任助理，這個機會讓我工讀之餘，還能在院內的圖書館裡盡情搜寶。我讀了當時能找到的各種宗教與全球化的英文相關書籍及文章，並在友人協助下，參與創價學會的一些儀式與文化活動，並和相關人士做了訪談……就這樣，我撰寫完成了《宗教與世界秩序：國際創價學會的全球化現象》的碩士研究論文。隔年，一九九六年，在當時《思與言》主編張珣教授的邀請與指導下，把這篇論文改寫成為期刊文章出版。

一九九九年九月二十一日，台灣發生了嚴重的「九二一大地震」，造成無數民眾傷亡，也摧毀了無數建築。震災過後不久，我有了攻讀博士的念頭，於是離開當時從事幾年的出版工作，到中研院民族所擔任林美容教授的專任計畫研究助理，執行一個有關宗教團體如何協助九二一災區重建的研究計畫。當時希望自己在這段期間內能夠重新適應學術界的寫作及研究技能，為將來的博士研究預作準備。在兩年的時間裡，我們訪談了三十五個參與救災的宗教團體，包括救災的主要負責人或宗教團體領袖，也進入草屯災區進行參與觀察。這些經歷讓我見證到，宗教龐大的助人力量，以及災民如何憑靠信仰的力量，重建自己的生命與生活。我也深深感受到，從撫慰情緒、支援物資金錢、重建人生的信心，再到建構世界觀等等，宗教情操的確能夠為社會做出許多貢獻（相關分析請見本書星期三及星期五的內容）。

這段期間除了見證與分享各種宗教事蹟之外，印象最深刻的莫過於真佛宗的飯前儀式。我記得，某場訪談結束後，真佛宗的法師代表邀請我們和他們一起共進午餐。用餐前，法師先對著桌上的飯菜及雞湯打手印，後然才用餐。法師代表向我解釋，這麼做是為了向犧牲生命的雞表達感謝，同時也為其進行超渡。我後來查閱資料後才明白，這個佛教類的新興宗教可能受到藏傳佛教某種程度的影響，因為打手印及葷食等，都不是該宗教的原創思想。之所以分享這個例子，只是想要再次強調：不做任何預設，先以同理心傾聽當事人的解釋，以進入其世界，是我們在認識不同宗教時，一個很重要的態度。

此外，以友善、開放的態度，和不同宗教信仰的人交流，尊重他人的宗教選擇，相信對方的宗教和我的宗教同處於平等的位置，是當代全球化世界與台灣多元化社會都需要的一種宗教對話與宗教寬容的精神（關於宗教對話與宗教寬容，可詳見本書星期五章節內容）。

二〇〇二至二〇一二這十年之間，我先是受教於當代重要的宗教社會學者、英國學術研究院的院士詹姆斯・貝克佛（James A. Beckford）教授的指導，以有關新時代運動的情緒、療癒與全球化的社會學研究，於二〇〇六年取得了英國華威大學（University of Warwick）社會學博士學位，回國後任教於佛光大學社會學系。將近六年的教學與研究工作期間內，在國科會贊助之下，我完成兩個關於瑜珈的社會學研究計畫，同時也把博士論文改寫成英文專書出版。期間並在瞿海源教授的邀請之下，我有機會參與了「台灣社會變遷計畫宗教變遷」第五期五次的調查，負責靈修問卷題目的設計。在和幾位資深的台灣宗教社會學者定期開會討論問卷的兩年期間，我也學得從更大規模的量化角度來看台灣民眾的宗教與靈修現象。

這十年期間，我接觸並體會到，當代的新興靈修團體與個人主義的靈修現象，其實帶給傳統宗教[2]相當程度的影響（相關內容可詳見本書星期五章節）。此外，我一向自認是位理性思考的人，但是長時期以參與觀察方式接觸各種靈修活動之後，似乎也經歷了不少如一些宗教或靈修人士所說的「神啟」、「預知夢」、「靈感或直覺力」等等，甚至是容格（C. G. Jung）說的「共時性」經驗。但是那些究竟是什麼呢？只能說，就像是我們自問「什麼是神」、「什麼是鬼」、「到底有沒有神」或「有沒有鬼」、「有沒有靈魂」之類的問題或疑惑，已不是社會學探討的範圍，更不是我一個凡人所能理解。

二〇一四年耶誕節前，外子的繼母M過世。根據她的遺願，喪禮與告別式是在其生前以音樂執事奉獻多年的基督教堂內舉行。喪禮之前，在沒有任何親友參與的情況下，她的遺體已由專業的殯葬社人員處理火化，並將骨灰暫時安放在她的屋子裡，要待春暖花開，才會移到墓園安葬。M的喪禮主題是「慶祝M的生命」，所以喪禮當天，教堂聖壇前只擺放一張她的小小生活照和眾多美麗的鮮花，但是不見她的「遺體（骨灰）」。在湧現兩百五十多人的情況下，原本只能容納一百多人的小教堂，瞬間擠滿見到報紙訃文而前來追悼的人士。喪禮及告別式內容主要是親友的悼詞與音樂表演。我們在欣賞過多首她生前音樂界好友們高水準的管弦樂演奏、鋼琴獨奏、合唱及獨唱曲目後，喪禮結束了，大家隨即移動到教堂餐廳，享用預先準備的點心……看著眾人來回穿梭，邊吃邊談論及懷念她的生前種種，我的腦袋從頭到尾卻一直想著：怎麼沒有人說要瞻仰她的遺體（骨灰）啊？

請教相關人等的看法後，我得到的答案大致是「那不適合這個場合」、「根據我的經驗，如果這是天主教的喪禮，才會有瞻仰遺容的安排」、「身體只是塵土，她的靈魂已經在天上」、「我們只想記住她的美麗，而不是她的受苦」……

喪禮的隔天是星期天，我對外子說，我想去看看她（的骨灰）。於是我們前往「探望」。

我們準備了一束鮮花和M喜愛的萊姆派。M的妹妹L迎接我們進入屋內。我對L說：「請將鮮花與派放在M前面，至少擺三十分鐘。」她微笑地按照我說的方式擺放。三十分鐘過後，她問我，是否可以把派收起來了？她在收拾過程中，突然開玩笑的對我們說：「咦，我發現這個派好像缺了一小塊喔！」這個「祭拜行為」過後，我才真正覺得，M的喪禮結束了。

這個經驗讓我充分領悟，儘管自己遠在異鄉，和來自不同文化的人生活在一起，但是我的身體裡仍然流著祖先崇拜的血液。這種宗教與文化的「深層結構」，是長時期在某一種文化情境下成長與生活的結果。因為我個人的宗教與文化經驗，不同於現在身邊親友的經驗，所以在互動過程中，也就有了「宗教對話」（關於宗教對話的議題，可見本書星期五章節）。

如果要把生命中與宗教有關的所有經歷都寫出來，這篇後記可能寫幾十頁都無法完成。所以我選擇分享的是，在不同人生階段中，讓我認識及深刻體會宗教的一些經歷與回憶。儘管以宗教社會學人的身分，我自認是個「無宗教信仰者」，但是多元化的宗教參與以及研究經驗，在幫助我打開宗教的大門後，發現自己在不同情境下也扮演過不同角色：我是個祖先崇拜者、民間信仰者、基督徒、佛教徒、新時代人、瑜珈人、靈修人士……我以自己的方式「停留在宗教」裡。但願你在認識宗教後，也找到自己的停留方式。

陳淑娟

二〇一五年三月二十五日

Norwalk, CT

附註：

1. 見本書星期四章節。

2. 蔣介石先生和我的奶奶是同年同月過世。我們那一代在成功的政治社會化薰陶下，多數民眾及媒體對他的正式稱謂是「蔣公」（以前寫作時還要在稱謂前空一格，以示尊敬）。根據資料記載，當時政府規定全國媒體要連續播放「蔣公紀念歌」一個月。

3. 此處的傳統宗教是廣義用法，用來與個人主義的靈修者對照。

謝辭

這本書的出現，完全是機緣使然。

這一切要感謝商周出版的主編陳玳妮小姐，以及老友編輯顧問林宏濤先生。因為宏濤的推薦，玳妮在二〇一三年底的一封來信中，向我提出寫一本給大眾閱讀的宗教書構想，才為這本書播下了種。我和玳妮從未見過面，但是總能保持有效率且良好的溝通。她的催稿方式從不給人壓力，卻能發揮及時功效，實在令我佩服。非常感謝我的「好戰友」，編輯陳名珉小姐處理稿件的超高效率與專業編輯能力。在兩地時差十二小時的情況下，我和名珉在本書送印出版前的一個月的時間裡，日以繼夜的用電子郵件溝通和處理書稿，從回稿、修稿、核稿、核圖表、修圖、看版型、討論書名，到看封面設計等等，雖然辛苦，卻也終於開出甜美的果實。一本書的出版，需要專業的編輯團隊，而商周出版給了我最大的支援，在此深深感謝。

感謝王俐容、林純德（Dennis）、陳美華、蔡源林四位教授擔任本書的推薦人。你們的友情與支持，我感受在心，而王俐容教授特別抽空為本書寫推薦序，更是我的榮幸，我非常感謝。宏濤、玳妮、好友鍾婉華（茱茱）以及佛光社會系前助理劉依妮小姐，都曾特別抽空閱讀過第一章的初稿，其中茱茱與依妮更提供我一些寶貴建議與心得回饋，在此一併致謝。此外，名珉在編稿過程中，同時從編輯與讀者的角度，提出幾個很棒的問題，我才能努力用比較淺顯的文字來解釋一些抽象的理論概念。由於宗教的領域浩瀚，觀點眾多，知識無窮，所以一本書的篇幅以及我一個人的能力，絕對無法涵蓋一切。因此，本書內容、圖表照片，以及引用資料等等，若有任何不盡完美或不足之處，都是我的責任。

感謝所有曾經接受過我研究訪談的宗教與靈修人士，以及近期和我分享宗教經驗的幾位外籍朋友；因為你們的分享，我才更加了解不同的宗教現象與經驗。感謝幾座教堂職員開放內部讓我自由出入拍攝，尤其是聖喬治希臘東正教堂，在平時不開放的情況下，接待我的職員特別請神父安排了時間，讓我能拍攝教堂內部空間。

感謝在台灣與英國兩地曾經在學術道路上支持我、和我互相切磋的朋友；因為有你們對學術研究的堅持與努力，我才能循著你們的足跡前進。永遠感謝我的良師益友詹姆斯·貝克佛（James A Beckford）教授；他的謙謙學者風範、寬如大海的知識、永遠不老的好奇心與研究熱忱，以及對家庭生活的重視等等，對我的世界觀以及我對於宗教現象的思考，有很大的影響。

在台灣的幾位姊姊和好友們，以及至今仍和我保持聯絡的幾位學生，你們是我的加油團；雖然我不是一個擅於「社交」的人，但因為有種種即時通訊軟體，我們才能跨越時空距離，溝通與分享生活點滴，為我像隱士般的寫作生活，增添一些樂趣。

我要特別、特別感謝我的先生 Alexander Higle；因為有他無條件的愛，對我的深刻了解，以及全心全意的支持，我才能享有全然的自由，專心撰寫這本書。他是個不可知論者，對教會沒興趣，卻陪著我走訪每一座教堂，拍攝建築；在我拍攝靈修迷宮時，當我的「模特兒」；在我日夜不分地趕稿時，提醒我要休息，並為我準備甜點和晚餐；在我出現新的想法，需要有人對話時，聽我「論述」；甚至有一段時間，在我困惑於這本書對我個人的意義，想就此「收筆」時，極力說服我不要放棄。他的中文雖然只有「你好、謝謝、再見」的程度，但是他說，這本書的出版，令他感到很驕傲。

如果有人因為讀了這本書而願意打開宗教的門，以開放的態度來認識各種宗教與靈性現象或開始自己的朝聖之旅，那麼這不僅是本書編輯團隊以及我個人最大的福報，也是我寫作此書的最大收穫。

陳淑娟

引用資料

（一）中文書目

1. 水野弘元，1992，《佛教的原點》，釋達和、陳淑慧譯。台中：恆沙出版社。

2. 林美容、陳淑娟，2004，〈九二一震災後台灣各宗教的救援活動與因應發展〉，收錄於林美容、丁仁傑、詹素娟主編《災難與重建——九二一震災與社會文化重建論文集》，頁257-288。台北：中央研究院台灣史研究所。

3. 紀伯侖（Kahlil Gibran），1988，《先知》，王季慶譯。台北：純文學出版社。

4. 埃米爾・涂爾幹（Emile Durkheim），1992，《宗教生活的基本形式》，芮傳明等人譯。台北：桂冠出版社。

5. 陳玲蓉，1992，《日據時期神道統治下的臺灣宗教政策》。台北：自立晚報文化出版部。

6. 陳淑娟，1995，《宗教與世界秩序：國際創價學會的全球化現象》。東吳大學社會學碩士論文。台北：東吳大學。
7. 陳淑娟，1996，〈宗教建構世界秩序的可能性：以國際創價學會為例〉，《思與言》34(2): 67-108。
8. 陳淑娟，2006，〈靈性非宗教、轉化非救贖：對台灣新時代運動靈性觀的社會學考察〉，《台灣宗教研究》6(1):57-112。
9. 陳淑娟，2007，〈新時代運動與「平行的全球在地化」（Parallel Glocalization）：以光的課程、奇蹟課程、中華新時代協會為例〉。論文發表於台灣社會學會年會。台北：台灣大學。
10. 陳淑娟，2010，〈書寫慈濟的身體〉，《台灣社會學》20:189-195。
11. 陳淑娟，2011，《都會瑜珈的社會學研究：以身體、情緒及靈修經驗為中心的探討》。國科會專題研究計畫成果報告。台北：行政院國家科學委員會。
12. 陳淑娟，2012，《現代瑜珈在台灣的發展：對Elizabeth D. Michelis類型學之檢視》。國科會專題研究計畫成果報告。台北：行政院國家科學委員會。
13. 陳淑娟、陳杏枝、瞿海源，2013，〈臺灣民眾的靈修行為與經驗〉，收錄於瞿海源主編《宗教、術數與社會變遷（三）》，頁251-281。台北：巨流出版社．
14. 路益師（C. S. Lewis），1996，《卿卿如晤》，曾珍珍譯。台北：雅歌出版社。
15. 聖嚴法師，1999，《台灣，加油》。台北：法鼓文化。
16. 聖嚴法師、單國璽，2013，《真正的自由：聖嚴法師與單國璽樞機主教的對話》。台北：財團法人聖嚴教育基金會。
17. 楊惠南，2000，《光明的追尋者——宋七力研究》。論文發表於第三屆國際漢學會議。台北：中央研究院。
18. 默西亞．埃里亞德（MirceaEliade），2002，《世界宗教理念史》（卷一至卷三），吳靜宜等人譯。台北：商周出版。
19. 瞿海源，2002，〈台灣的新興宗教〉，《二十一世紀》73:103-113。

（二）英文書目

1. Abercrombie, Nicholas, Stephen Hill, and Bryan S. Turner. 2000. *The Penguin Dictionary of Sociology*. London: Penguin Group.

2. Artress, Lauren. 1995. *Walking a Sacred Path: Rediscovering the Labyrinth as a Spiritual Tool.* New York: Riverhead Books.

3. Bader, Christopher D., F. Carson Mencken, and Joseph Baker. 2011. *Paranormal America: Ghost Encounters, UFO Sightings, Bigfoot Hunts, and Other Curiosities in Religion and Culture*. New York: NYU Press.

4. Bainbridge, William Sims and Rodney Stark. 1979. "Cult Formation: Three Compatible Models." *Sociological Analysis* Winter:283-295.

5. Balch, Robert W., and David Taylor. 2002. "Making Sense of the Heaven's Gate Suicides."Pp.209-228 in *Cults, Religion, and Violence,* edited by David G. Bromley and J. Gordon Melton. New York: Cambridge University Press.

6. Beckford, James A. 2003. *Social Theory and Religion.* Cambridge: Cambridge University.

7. Berger, Peter, and Thomas Luckmann. 1966. *The Social Construction of Reality*. New York: Doubleday.

8. Burke, T. Patrick. 1996. *The Major Religions*. Oxford: Blackwell Publishers.

9. Buggeln, Gretchen T. 2004. “Sacred Spaces.” Pp. 20-25 in The Christian Century. Christian Century Foundation.

10. Lewis, C. S. 1996. *The Inspirational Writings of C. S. Lewis.* Edinburgh: Thomas Nelson.

11. Chen, Shu-Chuan（陳淑娟）. 2006. Getting Healed from a Globalised Age: A Study of a New Age Movement in Taiwan. Ph.D. Thesis. Deparment of Sociology, University of Warwick, England.

12. Chen, Shu-Chuan（陳淑娟）. 2008. *Contemporary New Age Transformation in Taiwan: A Study of a New Religious Movement*. New York: Edwin Mellen Press.

13. Chen, Shu-Chuan（陳淑娟）. 2013. “Theorising Emotions in New Age Practices: Feeling Rules in Self-Religion.” Pp. 227-241 in *New Age Spirituality: Rethinking Religion*, edited by Steven J. Sutcliffe and IngvildSælidGilhus. Durham: Acumen Publishing Ltd(and Routledge in 2014).

14. Chryssides, George D. 2005. “'Come On Up, and I Will Show Thee': Heaven's Gate as a Postmodern Group.” Pp. 353-370 in Controversial New Religions, edited by

James R. Lewis and JesperAagaard Petersen. New York: Oxford University Press.
15. Douglas, Mary. 2002. *Purity and Danger: An Analysis of Concepts of Pollution and Taboo*. London: Routledge.
16. Durkheim, Emile. 1915. The Elementary Forms of the Religious Life. New York: The Free Press.
17. Ferguson, George. 1966. *Signs and Symbols in Christian Art*. New York: Oxford University Press.
18. Forde, Gerard. 2003. *A Journey Together*. Wilton, Cork: Cois Tine.
19. Frawley, David. 1991. *Gods, Sages and Kings: Vedic Secrets of Ancient Civilization*. Salt Lake City, Utah: Passage Press.
20. Fuller, Robert. 2001. *Spiritual But Not Religious*. Oxford: Oxford University Press.
21. Giordan, Giuseppe. 2007. "Spirituality: From a Religious Concept to a Sociological Theory." Pp. 161-180 in *A Sociology of Spirituality*, edited by Kieran Flanagan and Peter C. Jupp.Aldershot: Ashgate.
22. Giordan, Giuseppe. 2009. "The Body between Religion and Spirituality." *Social*

Compass 56:226-236.

23. Greil, Arthur L., and Thomas Robbins (Eds.). 1994.*Between Sacred and Secular: Research and Theory on Quasi-Religion*. Greenwich: JAI Press.

24. Hanegraaff, Wouter J. 1998. *New Age Religion and Western Culture: Esotericism in the Mirror of Secular Thought*. Albany, NY: State University of New York Press.

25. Heelas, Paul. 1996. *New Age Movement.* Oxford: Blackwell Publishers.

26. Heelas, Paul and Linda Woodhead. 2005. *The Spiritual Revolution: Why Religion is Giving Way to Spirituality.* Oxford: Blackwell Publishers.

27. Houtman, Dick, and StefAupers. 2007. "The Spiritual Turn and the Decline of Traditon: The Spread of Post-Christian Spirituality in 14 Western Countries, 1981-2000." *Journal for the Scientific Study of Religion* 46:305-320.

28. Huang, C. Julia（黃倩玉）. 2009. *Charisma and Compassion: Cheng Yen and the Buddhist Tzu Chi Movement*. Cambridge: Harvard University Press.

29. James, William. 1982. *The Varieties of Religious Experience.* New York: Penguin Books.

30. Johnstone, Ronald L. 1983. *Religion in Society*. New Jersey: Prentice-Hall.

31. Krindatch, Alexei (Ed.). 2011. *The Atlas of American Orthodox Christian Churches*. Brookline, MA: Holy Cross Orthodox Press

32. Lewis, C. S. 2009. *The Problem of Pain*. New York: HarperCollins Publishers.

33. Lewis, James R., and JesperAagaard Petersen (Eds.). 2005. *Controversial New Religions*. New York Oxford University Press.

34. Lewis, James R. 2005. "The Solar Temple 'Transits': Beyond the Millennialist Hypothesis."Pp. 295-318 in *Controversial New Religions*, edited by James R. Lewis and JesperAagaard Petersen. New York: Oxford University Press.

35. Woodhead, Linda, and Paul Heelas (Eds.). 2000. *Religion in Modern Times: an Interpretive Anthology*. Oxford: Blackwell Publishers.

36. Markham, Ian S. (Ed.). 1996. *A World Religions Reader*. Oxford: Blackwell Publishers Ltd.

37. Marty, Martin E. 1972. "Ethnicity: the Skeleton of Religion in America." *Church History, March*: 5-21.

38. McGuire, Meredith B. 1987. *Religion: The Social Context*(2nd Edition). Belmont, CA: Wadsworth Publishing Company(and Waveland Press in 2008[5th Edition]).

39. Morgan, Kenneth W. 1996. *The Religion of the Hindus*. Delhi: MotilalBanarsidass Publishers.

40. Nelson, Geoffrey. 1968. "The Concept of Cult." *Sociological Review*, November:351-363.

41. Otto, Rudolf. 1923. *The Idea of the Holy*. London: Oxford University Press.

42. Perkins, Rodney, and Forrest Jackson. 1997.*Cosmic Suicide: The Tragedy and Transcendence of Heaven's Gate*. Dallas: Pentaradial Press.

43. Pew Research Center. 2012. "The Global Religious Landscape: A Report on the Size and Distribution of the World's Major Religious Groups as of 2010."

44. Pew Research Center. April 2014. "Global Religious Diversity: Half of the Most Religiously Diverse Countries are in Asia-Pacific Region."

45. Repp, Martin. 2005. "AumShinrikyo and the Aum Incident: A Critical Introduction." Pp. 153-194 in *Controversial New Religions*, edited by James R. Lewis and

JesperAagaard Petersen. New York: Oxford University Press.

46. Roberts, Keith A. and David Yamane. 2012. *Religion in Sociological Perspective*. Thousand Oaks, CA: Pine Forge Press.

47. Ross, Nancy Wilson. 1978. *Three Ways of Asian Wisdom: Hinduism, Buddhism and Zen and their Significance for the West*. New York: Simon & Schuster

48. Ting, Jen-Chieh（丁仁傑）. 2007. “Renjian Buddhism and Its Successors: Toward a Sociological Analysis of Buddhist Awakening in Contemporary Taiwan.” Pp.229-268in Development and Practice of Humanitarian Buddhism, edited by Mutsu Hsu and Jinhua Chen.Hualien: Tzu-Chi University Publisher.

49. Smith, Banjamin Richard. 2007.“Body, Mind, and Spirit? Towards an Analysis of the Practice of Yoga.”Body & Society 13:25-46.

50. Titiev, Mischa. 1972. “A Fresh Approach to the Problem of Magic and Religion “ Pp. 430-433 in *Reader in Comparative Religion: An Anthropological Approach(3rd edtion)*, edited by W. A. Lessa and E. Z. Vogt. New York: Harper & Row.

51. Saward, Jeff. 2003. *Labyrinths & Mazes: A Complete Guide to Magical Paths of the*

World. New York: Lark Books.

52. Stanton, Phoebe B. 1997. *The Gothic Revival and American Church Architecture*. London: John Hopkins University Press.
53. Streng, Frederick J. 1984. *Understanding Religious Life*. Belmont: Wadsworth Publishing Co.
54. Sutcliffe, Steven J., and IngvildSælidGilhus (Eds.). 2013. *New Age Spirituality: Rethinking Religion*. Durham: Acumen Publishing Ltd(and Routledge in 2014).
55. Valea, Ernest. 2009. *The Buddha and the Christ: Reciprocal Views*. Charleston: BookSurge Publishing.
56. Yang, C. K. 1961.*Religion in Chinese Society*. Berkeley: University of California Press.
57. Yinger, J. Milton. 1970. *The Socientic Study of Religion*. New York: Macmillan.

（三）網站參考資料

1. Association of Religion Data Archives. “General Social Survey 2010 Cross-Section and Panel Combined.”

2. Council for a Parliament of the World's Religions. "A History of the Parliament."
3. Earthlore. "Gothic Architecture Glossaries."
4. The Jewish Daily Forward. "Nazi War Criminal Loses Canada Citizenship."
5. Historical Buildings of Connecticut. "Romanesque Revival."
6. New England Travel Planner. "Georgian Architecture."
7. World-Wide Labyrinth Locator.

國家圖書館出版品預行編目資料

出發吧，一起來認識宗教 / 陳淑娟著. -- 初版. -- 臺北市：
商周出版：家庭傳媒城邦分公司發行, 民105.02
面； 公分. -- (超高效學習術；22)

ISBN 978-986-272-737-9(平裝)

1.宗教 2.宗教文化

200 104000294

超高效學習術 22

出發吧，一起來認識宗教

作　　者 / 陳淑娟
責任編輯 / 陳名珉、陳玳妮

版　　權 / 翁靜如
行銷業務 / 李衍逸、黃崇華
總 編 輯 / 楊如玉
總 經 理 / 彭之琬
發 行 人 / 何飛鵬
法律顧問 / 台英國際商務法律事務所 羅明通律師
出　　版 / 商周出版
台北市104民生東路二段141號4樓
電話：(02) 25007008 傳眞：(02)25007759
E-mail：bwp.service@cite.com.tw
Blog：http://bwp25007008.pixnet.net/blog
發　　行 / 英屬蓋曼群島商家庭傳媒股份有限公司城邦分公司
台北市中山區民生東路二段141號2樓
書虫客服服務專線：(02)25007718；(02)25007719
服務時間：週一至週五上午09:30-12:00；下午13:30-17:00
24小時傳眞專線：(02)25001990；(02)25001991
劃撥帳號：19863813；戶名：書虫股份有限公司
讀者服務信箱：service@readingclub.com.tw
城邦讀書花園：www.cite.com.tw
香港發行所 / 城邦（香港）出版集團有限公司
香港灣仔駱克道193號東超商業中心1樓
E-mail：hkcite@biznetvigator.com
電話：(852) 25086231 傳眞：(852) 25789337
馬新發行所 / 城邦（馬新）出版集團【Cite (M) Sdn. Bhd.】
41, Jalan Radin Anum, Bandar Baru Sri Petaling,
57000 Kuala Lumpur, Malaysia.
Tel: (603) 90578822 Fax: (603) 90576622
Email: cite@cite.com.my

內文攝影 / 陳淑娟
封面設計 / 江孟達工作室
排　　版 / 極翔企業有限公司
印　　刷 / 韋懋印刷事業有限公司
總 經 銷 / 高見文化行銷股份有限公司
電話：(02)26689005 傳眞：(02)26689790 客服專線：0800-055-365

■2015年（民104）5月7日初版
定價320元

Printed in Taiwan

城邦讀書花園
www.cite.com.tw

請於此處用膠水黏貼

商周出版

讀者回函卡

感謝您購買我們出版的書籍！請費心填寫此回函卡，我們將不定期寄上城邦集團最新的出版訊息。

不定期好禮相贈！
立即加入：商周出版
Facebook 粉絲團

姓名：＿＿＿＿＿＿＿＿＿＿ 性別：☐男 ☐女

生日：西元＿＿＿＿年＿＿＿＿月＿＿＿＿日

地址：＿＿＿＿＿＿＿＿＿＿

聯絡電話：＿＿＿＿＿＿＿＿ 傳真：＿＿＿＿＿＿＿＿

E-mail：

學歷：☐ 1. 小學 ☐ 2. 國中 ☐ 3. 高中 ☐ 4. 大學 ☐ 5. 研究所以上

職業：☐ 1. 學生 ☐ 2. 軍公教 ☐ 3. 服務 ☐ 4. 金融 ☐ 5. 製造 ☐ 6. 資訊
☐ 7. 傳播 ☐ 8. 自由業 ☐ 9. 農漁牧 ☐ 10. 家管 ☐ 11. 退休
☐ 12. 其他＿＿＿＿＿＿＿＿

您從何種方式得知本書消息？

☐ 1. 書店 ☐ 2. 網路 ☐ 3. 報紙 ☐ 4. 雜誌 ☐ 5. 廣播 ☐ 6. 電視
☐ 7. 親友推薦 ☐ 8. 其他＿＿＿＿＿＿＿＿

您通常以何種方式購書？

☐ 1. 書店 ☐ 2. 網路 ☐ 3. 傳真訂購 ☐ 4. 郵局劃撥 ☐ 5. 其他＿＿＿＿

您喜歡閱讀那些類別的書籍？

☐ 1. 財經商業 ☐ 2. 自然科學 ☐ 3. 歷史 ☐ 4. 法律 ☐ 5. 文學
☐ 6. 休閒旅遊 ☐ 7. 小說 ☐ 8. 人物傳記 ☐ 9. 生活、勵志 ☐ 10. 其他

對我們的建議：＿＿＿＿＿＿＿＿＿＿

＿＿＿＿＿＿＿＿＿＿

＿＿＿＿＿＿＿＿＿＿

請於此處用膠水黏貼